노인을 위한 동네

고령친화 지역사회 만들기

노인을 위한 동네

백선혜 안현찬 외 지음

서울연구원
The Seoul Institute

차례

3부

우리 동네 노인은 어떻게 살고 있는가

4부

노인을 위한, 모두를 위한 동네 만들기

5부

누구나 행복하게 늙을 권리가 있다

프롤로그 ○●

동네에서 늙어 가기

A씨는 은퇴를 몇 년 남겨 둔 남성이다. 성실하고 공부도 곧잘 해서 부모님 속을 썩인 적이 없었다. 우수한 성적으로 대학을 졸업하고 공기업에 입사한 이후 거의 30여 년을 밤낮없이 일에 매달렸다. 아파트 대출금도 갚아야 했고 자식들도 남부럽지 않게 키우고 싶었기 때문이다. 회사에서도 그의 능력을 인정받아 꽤 높은 지위까지 오르게 되었다.

그러던 그가 요즘 고민에 빠졌다. 공기업 지방 이전 관계로 가족과는 주말에만 얼굴을 본다. 자녀들과의 대화가 부족해서 그런지, 가정 내에 자신의 자리를 찾기 어렵다. 평생을 앞만 보며 달려온 인생을 되돌아보는 중이다. 지인들은 대부분 업무적으로 알고 지내던 사람들이라, 퇴직 후에 만날 일이 잦을 것 같지는 않다. 취미생활을 해보라는 조언도 들었지만, 딱히 마음 가는 것도 없다. 평생을 서울에서 살았기에, 귀촌이나 귀농은 생각해 본 적도 없다. 지금까지 한 번도 노인이 된 자신을 생각해 본 적이 없는데, 문득 남의 일이 아니라는 사실을 깨닫게 되었다. 노후생활이 문제가 아니라, 당장 은퇴를 하고 나면 어디서 무엇을 할지조차 도무지 감이 오지 않는 형편이다.

B씨는 이제 곧 여든을 바라보는 나이이다. 몇 해 전 남편이 갑자기 세상을 뜬 이후 혼자 산다. 자식들은 장성하여 분가하였다. 생활력

이 강한 여장부 스타일로, 자식들에게 부담 주기는 싫어서 자기 한 몸 스스로 건사할 수 있을 때까지는 혼자 살 생각이다. 자식들이 번갈아 가며 용돈을 주니 경제적으로도 별 문제가 없다. 또한 종교생활을 열심히 한 덕에 인근에 믿을 만한 이웃들도 여럿 있다.

그러나 최근 관절염이 심해지면서 불편한 점이 한두 가지가 아니다. 집안에서 혼자 생활하는 것은 아직 큰 문제가 없지만, 찬거리 사러 마트에 가는 것조차 쉽지 않다. 동네 재래시장에서 값싸고 신선한 식재료를 사는 재미도 포기했다. 사 봐야 집까지 들고 올 수가 없기 때문이다. 게다가 매주 병원에 갈 때에는 자식들이 번갈아 오는데, 늙은 어미 때문에 일부러 시간을 내게 하는 것이 마음 편치 않다. 몸이 불편하여 집에만 있으니 점점 사람들과의 교류도 뜸해져서 고립감을 느끼기도 한다.

우리는 급속한 도시화와 산업화를 겪으며 반세기를 보냈다. 눈부신 경제성장을 이루었고 생활수준이 향상되었으며 수명이 연장되었다. 기쁜 일이다. 그러나 한편으로는 고령화 시대를 맞이하여 미래를 대비해야 한다는 우려의 목소리가 높다. 가족이 해체되고 사회갈등이 심각한 상황에서 노인인구 비중이 갑자기 높아졌기 때문이다.

노인인구 비중이 이처럼 높아진 것은 인류 역사상 처음 있는 일이다. 사회는 크게 변화할 것이며, 우리는 변화 방향을 예측하고 최선을 다해 대처해야 한다. 그런데 우리 사회의 대응책은 연금 등 노후생활자금이나 일자리와 같은 경제적 문제에 집중되는 경우가 많다. 물론 노인 빈곤이나 중산층의 위기를 겪는 우리 현실을 고려하면, 경제적 문제는 일차적으로 중요하다. 그렇지만 경제적 문제만 해결하면 고령화 대비가 끝나는 것일까? 인간의 삶에는 인간관계나 활동과 같이 돈을 넘어선 요소들이 필수적으로 존재하지 않은가?

경북 칠곡군은 인문학마을 사업으로 유명한 곳이다. 그 시작은 10여 년 전에 시작한 '칠곡 늘배움학교'로, 각 마을 내 마을회관에 개설한 마을학교이다. 처음에는 수강생이 모이지 않아 알아보니, 한글을 잘 모르는 농촌 할매가 너무나 많았다. 그렇다고 한글교실을 개설하면 할매들이 수치스러워할 수 있다. 그래서 늘배움학교에서는 한글 공부는 조금만 하고 요가, 체조, 노래 같은 프로그램들을 함께 진행했다. 한글을 모르는 사람만 학교에 온다는 이미지를 지우기 위해서였다. 그런데 일주일에 두 번씩 마을회관에서 늘배움학교를 운영하다 보니 마을회관이 공공의 장소가 되었다. 수업 전에 같이 밥을 지어 먹고, 같이 공부하고, 프로그램을 진행하다 보니 한글 수업이 있는 날이면 마을 이장까지 참석해 마을의 주요 안건을 논의하고 마을 행사를 공지한다. 늘배움학교의 프로그램은 연극교실에서 아버지 요리교실까지 다양화되었다. 한마디로 마을회관이 공동생활 홈(home)이고, 공동급식센터이며, 공부방이고, 주민자치 공간이 된 것이다. 북삼읍 어로리 마을회관은 늘배움학교가 개설되기 전에는 무거운 자물통이 두 개씩이나 채워져 있었다. 그런데 2013년 마을학교가 개설된 이후에는 회관 문이 365일 열려 있고, 지역 주민이 서로 교류하며 친밀감을 만들어 가는 공공장소가 되었다.[1]

일본 사이타마현 삿테시는 '행복 도움대'가 유명하다. 청소, 쓰레기 버리기, 장보기 등 노인을 위한 '가사 도움'에 해당하는 서비스를 봉사자가 저렴한 비용으로 해결해 준다.

아들과 함께 사는 와타나베 도요코 씨는 행복 도움대 서비스 애용자다. 도요코 씨는 아들이 아침 일찍부터 밤 늦게까지 일하기 때문에 하루 중 대부분의 시간을 혼자 보낸다. 온종일 찾아오는 사람도 없다. 여름에는 갑자기 몸 상태가 안 좋아져서 일어나지 못한 적도 있었다. 혹시나 하는 불안한 마음에 이용하기 시작한 것이 행복 도움대다. 무거운 짐을 들지 못해 장보기 서비스를 이용하고 있다. 사실 장보기 이상으로 도움이 되는 것이 봉사자와의 교류다. 이웃에 살지만 거의 교류하지 않았던 봉사자는 이 서비스를 계기로 도요코 씨와 가까워져서 개를 산책시키는 길에 도요코 씨 집에 들러 안부를 확인한다.

행복 도움대에서 봉사자로 활동하는 사람도 노인이라는 것이 포인트이다. 지역에 잠재된 인력을 활용하고, 봉사 활동으로 연결고리를 만드는 것은 결국 고립을 막는 힘이 된다.[2]

우리 연구팀은 고령화 시대에는 경제적 문제 이외에도 우리가 일상생활을 하는 '동네'가 중요해질 것이라고 보았다. 일반적으로 노인이 되면 여유 시간은 늘어나지만 신체 기능이 떨어져서 활동 범위가 일상생활 공간, 즉 동네로 좁아지게 마련이다. 또한 젊었을 때에는 아무렇지도 않게 해결하던 일상적 일들인데 나이가 들면서 점점 다른 사람의 도움이 필요한 경우가 많아진다. 게다가 베이비부머의 은퇴 시기와 맞물려, '동네'에서 일상생활을 하는 노인의 비중은 급격히 커질 것이다. 그렇다면 현재 서울의 동네들은 노인이 인구의 3분의 1을 차지하는 시대를 맞이할 준비가 되어 있는가?[3] 새로운 노인세대들은 동네에 정착할 준비가 되어 있는가? 혹은 노인들은 과연 어떤 동네에 정착하기를 원하겠는가? 그 해답을 얻기 위해서는 먼저 '노인이 살기 좋은 동네'란 어떤 곳인가를 생각해야 한다. 그리고 서울은 현재 어떤 모습인지도 살펴야 한다.

'노인이 살기 좋은 동네'라고 하면, 다른 사람들과 관계를 맺으며 도움을 주고받을 수 있는 곳, 배우고 나누며 보람 있게 늙어 갈 수 있는 곳, 돌봄이 필요한 사람을 함께 보살피고 나도 돌봄 받을 수 있는 곳, 자연스럽게 노인들의 삶을 접하면서 청년도 자신의 노후생활을 그려 볼 수 있는 곳 등을 떠올릴 수 있다. 동네에서 잘 늙어 가기라는 것은 이런 일들이 가능한 동네를 만들자는 말이기도 하다.

이와 같은 문제의식을 가지고 우리 연구팀은 '동네에서 늙어 가기'를 집중적으로 살펴보기로 했다. 이를 위해 한 축으로는 서울의 몇몇 동네에서 실제 노인들의 삶을 집중적으로 관찰하고, 다른 한 축으로는 잘하고 있다는 다른 동네들의 사례들을 수집하였다. 그리고 이를 바탕으로 동네에서 잘 늙어 가기 위해서는 어떤 준비가 필요한지 살펴보았다.

1부

고령화의 빙산이 덮치고 있다

세계 최장수
국가가 되어 가는 대한민국

고령화 -
가장 평등한 그러나 가장 불평등한

우리 사회의 미래를 이야기할 때 가장 먼저 떠오르는 단어는 '고령화'이다. 1970~1980년대만 하더라도 환갑을 맞으면 일가친척부터 자녀의 지인들까지 모여 축하하는 잔치를 벌였다. 고희연은 더욱 성대하게 치러졌지만, 주변에서 고희를 맞은 어르신은 드물었다. 1970년 한국인의 평균 수명이 61.9세였으니, 환갑연이나 고희연은 경사스런 행사였을 수밖에 없다.

그러나 요즘은 환갑은 고사하고 고희도 가족 식사 정도로 소박하게 기념하는 경향이 늘고 있다. 그도 그럴 것이, 통계청에 따르면

2017년 기준 한국인의 평균 기대수명은 82.7세이다.[4] 같은 해에 세계보건기구(WHO)와 영국 런던 임페리얼 칼리지(Imperial College London) 보건대학 연구진이 발표한 2030년 기대수명 조사 결과에 따르면, 한국 여성은 90.8세, 남성은 84.1세로 세계에서 기대수명이 가장 높다. 조사 대상국의 남녀 전체에서 기대수명이 90세 이상인 사례는 한국 여성이 유일하다. 한국 여성 다음은 프랑스(88.6세), 일본(88.4세), 스페인(88.1세) 여성 순이었고, 한국 남성 다음에는 오스트리아(84세), 스위스(83.9세) 남성이 뒤를 이었다.[5] 2010년 통계에서 한국 여성과 남성의 기대수명이 각각 84.2세와 77.1세로 당시 일본 여성(86.7세)과 남성(79.4세)에 비해 낮았던 것을 생각하면, 한국인의 기대수명이 대폭 상승한 것을 알 수 있다.

인간은 누구나 나이를 먹는다. 그리고 그 과정은 계층이나 인종, 지역에 관계없이 평등하다. 한 해에 두 살씩 나이를 먹는 사람은 없다. 인간 사회에서 가장, 어쩌면 유일하게, 평등하고 거스를 수 없는 법칙일 것이다. 그러므로 장수는 기쁜 일이다. 그러나 현실을 들여다보면 마냥 기뻐하고만 있을 수도 없다.

왜냐하면 노화의 과정이 사람마다 매우 다르게 진행되기 때문이다. 우선 즉각적으로 인지되는 것은 신체적인 노화 과정의 차이이다. 어떤 사람은 60대에도 40~50대의 외모와 건강을 자랑하지만, 어떤 사람은 훨씬 더 나이 들어 보이기도 한다. 만성질환이 처음 발견되는 시기는 주로 50대 이후이고 많은 경우 10년 정도 경과되면서 합병증을 갖기 시작한다. 우리나라 국민 3명 중 1명은 고혈압을, 10명 중 1명은 당뇨병을 앓고 있으며 65세 이상 인구 10명 중 1명은 치매 환자다.[6] 그런가 하면, 세간의 화제를 모았던 뉴질랜드의 베시 피어슨 할머니는 101세의 나이에도 불구하고 건강에 큰 문제없이 손수 하루 세 끼 식사를 준비하고 채소를 가꾸며 운전까지 하는 독립적인 생활을 영위하고 있다. 비결이라면 매일 밤 한 잔씩 마시는 포도주랄까.[7]

그러나 노화의 불평등은 신체적인 것에 국한되지 않는다. 콜레트 메나주의 『노년예찬: 나이 든 사람은 행복해야 할 책임이 있다』에서 노인 전문가인 파스칼 샹베르는 노화에도 사회적 불평등이 동반됨을 지적한다. 가장 약하고 빈곤한 노인은 사회적으로 차별을 받지만, 건강하고 부유한 노인은 차별받지 않는다는 것이다. 최근 은퇴자들 사이에는 돈과 재능 등 평생 일궈 온 자산을 아끼지 말고 기꺼이 쓰자는 '황혼의 욜로라이프'가 번지고 있다고 한다. 남은 재산을 다 쓰고 죽자는 의미로 결성된 '쓰죽회'가 언론에 소개되기도 하였다. 이들은 평생 꿈꿔 오던 해외여행을 다녀오고 운동이나 공부, 봉사 활동을 하며 노년을 하루하루 즐긴다.[8] 반면, 한 언론사의 카메라에 담긴 일명 '500원 순례길'은 정반대의 풍경으로 우리를 충격에 빠뜨렸다. 종교단체 등이 나눠 주는 500원을 받기 위해 새벽부터 공원에 수백 명의 노인들이 줄을 선다. 돈을 받은 뒤에는 다음 500원을 위해 바삐 걸음을 옮긴다. 이렇게 하루 종일 돌고 돌아 겨우 7천 원 정도를 손에 쥘 수 있지만, 곤궁한 그들 삶에는 그나마도 소중한 벌이가 된다.[9]

너무 빨리 다가오는 초고령사회

유엔은 65세 이상 고령인구의 비율이 7퍼센트가 넘으면 고령화사회(aging society), 14퍼센트가 넘으면 고령사회(aged society), 20퍼센트 이상이 되면 초고령사회(super-aged society)로 구분하고 있다. 우리나라는 2000년에 '고령화사회'에 진입하였으며, 2017년 8월에 주민등록상 65세 인구가 14퍼센트를 초과하면서 공식적으로 '고령사회'가 되었다. 그리고 2026년이면 초고령사회에 진입할 것으로 전망된다.

2017년은 우리나라에서 고령인구가 유소년인구를 추월한 최초의 해이다.[10] 1965년만 하더라도 유소년인구가 고령인구의 14배가 넘었는데, 2065년에 이르면 고령인구가 유소년인구의 4.2배가 된다. 출산율 감소와 평균수명 증가에 따라 고령인구는 2065년 1827만 명으로 2015년(654만 명) 대비 2.8배 증가하는 반면, 유소년인구는 2065년 413만 명으로 2015년(703만 명) 수준에서 절반 가까이 감소할 것으로 예측된다.[11] 생산가능인구는 2016년 3763만 명을 정점으로 가파르게 감소하여 2065년에는 2062만 명으로 줄어들 전망이다. 연령 계층별 비율로 보면 2065년에 생산가능인구는 전체 인구의 47.9퍼센트, 유소년인구는 전체 인구의 9.6퍼센트, 65세 이상 고령인구는 전체 인구의 42.5퍼센트를 차지할 것이다.

사실 인구구조의 초고령화는 글로벌하게 진행되고 있지만, 우리

인간은 누구나 나이를 먹는다.
인간 사회에서 가장, 어쩌면 유일하게, 평등하고
거스를 수 없는 법칙일 것이다.
그러므로 장수는 기쁜 일이다.

그러나 현실을 들여다보면
마냥 기뻐하고만 있을 수도 없다.

의 인식은 고령화 속도를 따라가지 못하고 있다. 아툴 가완디는 삶의 마지막 단계를 어떻게 보낼 것인가에 대한 철학적 질문을 던진 수작 『어떻게 죽을 것인가』에서 10만 년에 달하는 인류 역사 중 최근 수백 년을 제외하고는 인간의 평균 수명이 항상 30세 이하였다는 점을 상기시킨다.[12] 그에 따르면 늙기 전에 죽는 것이 자연스러운 현상이었던 반면, 노화는 오히려 부자연스러운 과정이었다. 그리고 인류 역사의 대부분은 여러 세대가 함께 사는 시스템이었다. 많은 경우 한 지붕 아래 3대가 같이 사는 시스템에서 노인이 될 때까지 살아남은 소수의 구성원을 젊은 구성원들이 보살폈다. 그러나 고령화와 저출산에 따라 인구구조가 변화하자 이런 시스템은 붕괴되고 있다. 이제 새로운 인구구조에 대응하는 삶의 방식과 사회적 대응이 필요하다.

문제는 고령화의 충격이 그 어떤 나라보다도 우리에게 더 클 것으로 예측된다는 점이다. 고령화 속도가 빨라도 너무 빠르기 때문이다. 우리나라가 예측대로 2026년에 초고령사회로 진입한다면, 고령화사회에서 초고령사회로 변모하는 데 불과 26년이 걸리며, 그 속도는 세계 신기록이다. 사실 고령화에 따른 불평등을 초래하는 요인 중 유전적인 것은 차치하더라도 사회적이거나 환경적인 요인은 노력에 따라 어느 정도 완화할 수 있다. 이를 위해 우리는 제도를 고안하고 세금을 내는 것이다. 그렇지만 우리 사회는 사회적 충격을 대비하고 완화할 수 있는 충분한 시간적 여유가 없다. 독일이나 이탈리아, 미국, 프랑스 등 서구 국가들은 고령화사회에서 초고령사회로 진입하는 데 70~150년 정도의 시간이 걸려, 고령화에 대응하는 사회 시스템을 구축할 여유가 있었던 반면, 대한민국은 인식과 사회구조가 채 변화하기도 전에 인구구조의 변화를 겪고 있기 때문이다.

보건복지부가 조사한 2014년 노인실태조사에 따르면, 1994년에는 자녀와 동거하는 노인의 비중이 54.7퍼센트이고, 홀몸노인은 13.6퍼센트에 불과하였다. 하지만 불과 20년 만인 2014년에는 자녀 동거 가구가 28.4퍼센트로 급감한 반면, 홀몸노인은 23.0퍼센트로 증가하였다. 게다가 노후생활비를 자녀(본인+자녀 부담 포함)가 부담해야 한다고 생각하는 노인도 13퍼센트에 불과하다.[13] 자식의 부양을 받으며 편안한 노후를 보내던 시절은 역사책의 한 페이지로 사라지고 있으며, 노인은 자신의 문제를 스스로 책임져야 하는 상황으로 내몰리고 있는 것이다.

생물학자인 최재천 교수는 고령화 과정을 지구온난화 과정에 비

고령화 속도 비교

	고령화	고령	초고령	소요연수(고령화 → 초고령)
한국	2000	2018	2026	26년
일본	1970	1994	2005	35년
독일	1932	1972	2008	76년
이탈리아	1927	1988	2008	81년
미국	1942	2014	2029	87년
프랑스	1864	1979	2018	154년

자료: 일본 국립사회보장·인구문제연구소, 2018, 인구통계자료집.

유하며, 대책 마련이 시급함을 강조하였다. 고령화와 지구온난화는 모두 서서히 진행되지만, 어느 지점을 넘어서면 우리 모두를 걷잡을 수 없는 소용돌이 속으로 쓸어 넣을 만큼 엄청난 파괴력을 지니고 있다는 말이다. 하지만 위협이 엄습하고 있음을 알면서도 그 과정이 너무나 은근하여 자칫 스스로 기만할 우려가 있다. 과정은 은근할지 모르지만 그 영향은 어느 날 갑자기 닥칠 수 있다.[14] 최 교수는 이미 10년도 더 전에 고령화에 대한 구체적이고 현실적인 대책을 마련하여 하루빨리 실천에 옮겨야 한다고 촉구했었다. 고령화의 빙하가 무서운 속도로, 특히 대한민국에서 빠른 속도로 녹고 있다고 하였다. 그러나 아직 우리의 현실은 최 교수의 우려를 덜어 주지 못하고 있는 것 같다.

고령화사회에 대한 **불안과 희망** 사이

노후 파산의 공포

우리가 고령사회를 걱정하는 가장 큰 이유는 '먹고살 방편에 대한 불안감'이 아닐까? 우리나라는 2006년부터 「저출산·고령사회기본법」에 따라 고령사회 대책을 추진해 오고 있지만, OECD 국가 중 노인 빈곤율이 가장 높으며, 그것도 OECD 평균의 세 배나 된다. 앞서 소개했던 '500원 순례길'을 애써 따라가지 않더라도, 우리 주변에서 가난한 노후의 고단한 삶을 발견하는 것은 그다지 어렵지 않다. 그렇다 보니 서점에 가면 '노후 설계', '연금 재테크', '연금보험' 등 노후에 안정적인 경제생활을 영위할 수 있는 비법을 다룬 책들이 하루가 다르게 쏟아져 나오고 있다.

우리의 불안감을 증폭시킨 것은 NHK 스페셜 제작팀이 2013년부터 제작해 온 〈노인 표류 사회〉 시리즈이다. 이 시리즈는 다큐멘터리와 책으로 우리에게 소개되면서, '노후 파산'이라는 충격적인 화두를 던졌다. 일본은 홀몸노인이 600만 명에 이르는데, 이 중 70만 명 정도가 정부로부터 생활보호를 받고 있으며, 약 200만 명은 연금만으로 생활한다. 물론 기본적으로 연금 수령자들은 연금으로 보통의 일상생활을 꾸리는 데 어려움이 없다. 그러나 병이나 부상 등 누구에게나 일어날 수 있는 작은 사건이 계기가 되어 연금만으로는 살아갈 수 없는 상황이 '닥칠 때' 문제가 발생한다. 의료비나 돌봄 서비스 비용도 부담스러워 아끼다 보니 병을 키우고, 결국 얼마 안 되는 예금을 헐어 생활비를 메꾸지만 그마저도 바닥이 보인다. 연금에만 의존하는 경우만이 아니라, 집이 있거나 예금이 있어도 노후 파산을 피하기 어렵다. 이런 현실은 NHK 스페셜 제작팀이 펴낸 『노후 파산 – 장수의 악몽』에 고스란히 담겨 있다. 제작팀은 여러 사례들을 취재한 결과, 노후 파산이 누구에게나 올 수 있음을 경고하고 있다.

더 큰 문제는 노후 파산의 악몽이 홀몸노인에게만 찾아오는 것이 아니라는 데 있다. 후속편에 해당하는 『가족의 파산 – 장수가 부른 공멸』에 따르면 일본에는 40~50대 중장년 세대가 일자리를 잃고 부모 곁으로 돌아오는 '역류 현상'이 늘고 있는데, 그 원인은 자녀의 실직과 같은 경제적 문제이거나 나이 든 부모의 간병 때문이었다. 자녀의 수입이 불안정하여 부모의 연금에 의존하는 사례가 많은데, 부모나 자녀가 병에 걸리기라도 하면 단번에 생활 유지가 어렵게 된다는 점이 문제였다.

> "
>
> 사회가 안정돼 경제적으로 여유가 생기면서 핵가족이 생겨났고, 자녀가 독립한 후 노년기에 접어든 부부가 연금으로 생활할 수 있는 시대가 됐죠. 그리고 지금은 나이 든 부모와 중년 자녀의 조합이라는 예외적인 타입이 생기기 시작했습니다. 자유로운 선택 속에서 각자 자신이 원하는 가족 형태를 선택하면 좋지만 문제는 선택이 아니라 어쩔 수 없이 나이 든 부모와 실직한 자녀가 동거할 수밖에 없는 상황이에요. … 경제적으로 여유가 있는 사람은 개인의 자유로 선택할 수 있지만 다른 한편에서는 생존을 위해 한 형태를 선택할 수밖에 없는 겁니다.
>
> "

『가족의 파산 – 장수가 부른 공멸』에서[15]

일본의 사례를 걱정스러운 눈으로 바라볼 수밖에 없는 것은, 일본과 우리나라가 닮은꼴 사회이기 때문이다. 일본에서 발생한 사회문제들은 약 20년의 시차를 두고 우리 사회에서도 그대로 발생하는 경향을 보였다. 세계에서 가장 빠른 고령화 속도에 연일 최고치를 경신하는 청년 실업률 등 우리가 처한 현실을 따져 보면, 노후 파산은 우리나라에서 더 심각하게 일어날 수도 있다는 불안감이 엄습한다.

『노후 파산 시대 – 장수의 공포가 온다』는 여러 빈곤 노인들의 사례를 분석하며 노후 파산이 우리나라에서도 현실화되고 있음을 보여 주고 있다. 또한 이 현상이 빈곤층에 국한된 것이 아니라 중산층, 그리고 앞으로 노인 세대에 진입하게 될 중장년층에까지 확대될 것이라고 경고한다. 현재는 중산층일지라도 대부분의 중장년층이 자녀 교육이나 주택 구입 등에 밀려 노후 준비는 매우 소홀한 데다, 우리나라 연금제도가 노후생활의 안전핀이 될 만큼 충분하지 못하기 때문이라는 것이다. 이런 상황에서 독거와 (퇴직금을 털어 넣어 시작한) 자영업, 그리고 질병 등을 겪게 되면서 노후 파산을 맞는 사례가 많다. 부모의 퇴직금을 사업 자금으로 대 달라는 자녀의 요청을 못 이겨 노후 파산에 이르는 상황도 있고, 그런 자녀의 요청을 거절하여 관계가 악화되는 이러지도 저러지도 못할 상황도 종종 일어나고 있다.[16]

노인 세대 무게가 젊은 인구 짓누르다

고령화는 필연적으로 의료비나 돌봄 비용과 같은 사회적 비용의 증가를 유발한다. 우리나라 건강보험 진료비는 2010년에 처음으로 40조 원대에 진입하였고 3년마다 평균 10조 원씩 늘어, 2016년에는 64조 5768억 원에 이르렀다. 무엇보다 노인 진료비 부담이 가장 큰 요인이다. 2016년에는 65세 이상 노인의 진료비가 전체 진료비의 38.7퍼센트인 25조 원인데 건강보험 가입자 중 노인 비율이 12.7퍼센트인 것을 감안하면 노인 의료비 지출 규모가 상당하다. 노인 중에서도 고령일수록 지출이 더 커서, 70세 이상의 1인당 연간 진료비는 전체 가입자 평균의 3.4배이다. 또한 요양병원 진료비는 2007년 6723억 원에서 2016년 4조 422억 원으로 7배가 늘었는데, 같은 기간 건강보험 종별 진료비가 평균 2배 상승한 것을 고려하면, 상승폭이 엄청나다는 것을 알 수 있다.[17]

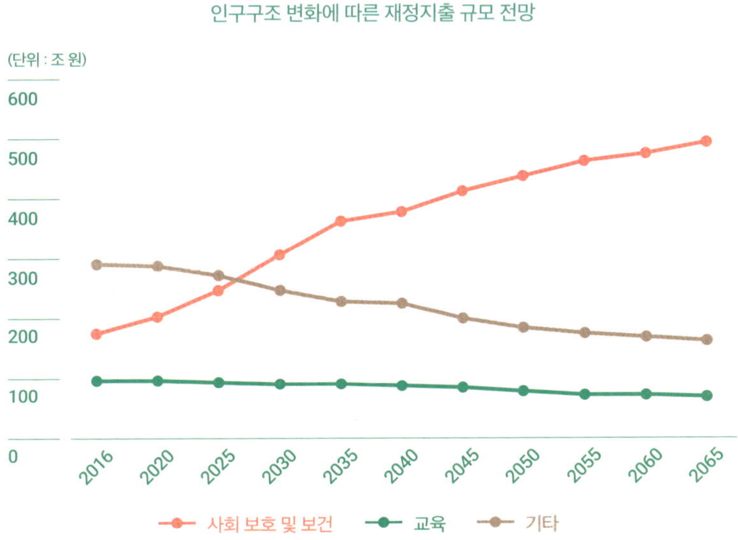

자료: 송호신·허준영, 2017, 「인구구조 변화와 재정」, 《BOK 경제연구》, 제2017-29호, 27쪽.

송호신·허준영(2017) 연구에서는 저출산·고령화의 인구구조 변화로 우리나라 재정지출이 향후 50년 간(2016~2065년) 140조 원 가까이 늘어날 것이라고 한다. 반면, 같은 기간 저출산에 따른 생산가능인구(만 15~64세) 감소로 재정수입은 총 47조 원 감소하는 것으로 추정됐다. 경제가 매년 1퍼센트 성장, 재정지출이 국내총생산(GDP)의 32퍼센트 수준을 유지하는 것을 전제로 했을 때, 고령화 영향으로 건강과 복지 수요가 늘어나면서 '사회보호 및 보건' 분야 재정지출은 매년 평균 5조 6천억 원씩 증가하는 반면, '교육'은 연평균 5천억 원, '일반 공공서비스 등 기타 분야'는 2조 3천억 원씩 줄어들 것이라는 것이다. 이 경우 연평균 순 재정지출 증가 효과는 2조 8천억 원이 된다.[18]

또한 연금의 미래 부채도 우려되는 상황이다. 연금보험료를 내는 현역 세대는 줄어들고 연금을 받는 은퇴자들이 늘어나면서 국민연금의 장기 재정이 악화될 것이기 때문이다. 한국사회보험연구소의 '국민연금 재정 추계 모형'을 보면, 2010년을 기준으로 적립 기금의 한 해 수지가 44조 원이 넘지만 2035년에는 마이너스로 돌아서서 한 해 손실액이 19조 원으로 예상되며, 2046년에는 마이너스 31조 8391억 원으로 재정이 고갈될 전망이다. 국민연금이 파산하는 것을 막으려면 어느 시점에선가 연금 개혁은 불가피하게 된다. 즉, 현역 세대의 연금보험료 부담은 올라가고 은퇴자들이 받는 연금 수급액은 줄어드는 시점이 온다는 것이다.[19]

노후 파산을 막기 위해서는 현재의 취약한 사회보장체제와 연금제도를 보완할 필요가 있다. 그러나 이는 막대한 국가재정이 들어가는 일이다. 또한 젊은 세대에게 지워지는 경제적, 사회적 부담이 결국 엄청난 세대 갈등을 몰고 올 수 있다. 저널리스트이자 베스트셀러 작가인 프랑수아 드 클로제의 경고처럼 말이다.

> 점점 증가하는 노인 세대의 무게가 젊은 인구를 짓누르게 될 겁니다. … 우리가 젊은 세대에게 제시하는 유일한 미래의 전망이란 게 자기들이 빚을 지고는 그 빚을 갚도록 떠넘기는 파렴치한 노인들을 부양하게 될 미래라는 말입니다. 우리는 세대 간 전쟁이 일어날 만한 모든 요소를 준비한 셈입니다. 상황은 긴박합니다.

『노년예찬』에서 [20]

젊은 세대에게 노인 부양의 의무가 가중될수록 노인을 쓸모없는 존재로 여겨 노인에 대한 사회문화적 거부가 커질 수밖에 없다. 이런 인식의 영향일까. 현대경제연구원에 따르면, 2017년 우리 사회의 노인 존중도는 2009년 조사 때보다도 더 떨어져 세계 주요국 가운데 최하위권 수준이다. 노인기초연금이나 국민연금 관련 이슈들이 제기될 때마다 일각에서 세대 간 갈등으로 비화되는 상황을 우리는 자주 목격하고 있다. 경로효친(敬老孝親)·부자유친(父子有親)은 어디로 가고, 노인에 관한 우리의 태도는 각박해져만 간다. 최근 우리 사회의 존속범죄는 해마다 증가하여 2012년 1,036건, 2014년 1,206건, 2016년 2,235건으로 4년 사이 2배 증가했다. 존속살해 피의자의 58퍼센트는 20~30대이며, 피해자의 약 69퍼센트가 60대 이상이다.[21] 전체 살해 사건 중 존속살해 발생률은 한국이 약 5퍼센트로, 미국 2퍼센트, 영국 1~2퍼센트, 프랑스 2.8퍼센트보다 높다.[22]

노인에 대한 인식 비교

자료: 고승연, 2017, 「한반도 르네상스 구현을 위한 VIP 리포트, "일하는 노인, 어떻게 생각하십니까?"」, 《현대경제연구원》, 690, 9쪽.

고령화를 극복하는 기술의 힘

이쯤 되면 장수는 축복이 아니라 공포 그 자체다. 생산인구는 줄고 복지비용은 증가하니, 분명 어려운 상황이 닥치고 있음에는 틀림없다. 그렇다고 고령화의 빙산이 다 녹도록 그저 지켜보고만 있을 것인가. 이제까지 인류는 절망적인 순간을 기회로 바꾸어 가며 문명을 쌓아 올렸다. 어려움이 닥쳤을 때 이를 해결하려는 노력으로 기술의 발전과 사회의 진보를 얻어 냈던 것이다.

이와 같은 맥락에서, 고령화 역시 인류 역사의 또 다른 도전으로 보고 이에 효과적으로 대응하여 발전할 수 있다는 주장도 만만치 않은 설득력을 얻고 있다. 이런 관점에서 4차 산업혁명 시대를 맞이하여 생산과 소비가 효율적으로 이루어지고 노인도 더욱 편리한 생활을 할 수 있을 것이라고 전망한다. 사물인터넷(IoT) 등 스마트 기술과 자동화로 생산성을 향상시켜 생산가능인구의 감소 현상에 대처할 것이다. 그리고 의료 기술의 발전은 생명 연장에 그치지 않고 건강수명 연장에 기여하고 돌봄 비용을 낮춰 사회적 비용을 줄일 것이다.

한편 노인을 타깃으로 하는 새로운 산업 영역도 획기적으로 발전할 것으로 예측된다. 의료와 디지털 기술의 결합이 대표적이다. 현재 당뇨나 고혈압과 같은 노인성 만성질환에 대한 자가진단과 관리가 가능한 다양한 디지털 헬스 케어 기기들이나 노인을 돌보는 가정

불편한 몸을 도와주는 로봇 제품

- 사이버다인은 몸에 장착해 신체 기능을 확장하거나 증폭할 수 있는 하체 보조용 로봇수트 할(HAL: Hybrid Assistive Limb)을 개발하였다. 신체 기능에 장애가 있는 사람의 자립 동작 지원과 공장의 중작업 지원 등 폭넓은 활용이 기대된다.
- 도요타는 2013년 상용화를 목표로 보행 보조 로봇을 4종 출시하였다. 이 로봇은 노인, 장애인 등 자립 보행이 어려운 사람의 보조 기구로 사용되어, 간병 및 현장에서 간병인의 체력적 부담을 덜어 주는 역할을 할 것으로 기대된다.
- 오사카의 벤처기업 'R-TECHS'는 뇌졸중 환자를 위한 손가락용 재활(Rehabilitation) 로봇을 개발하였다. 로봇을 장착해 작업 요법사가 동작하는 것만으로 움직임을 간단히 기억하고 재생할 수 있어 환자가 자택에서 재활 치료를 할 수 있는 것이 특징이다.

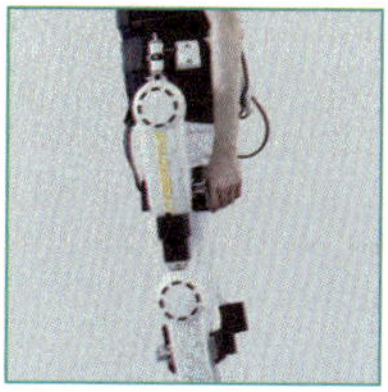
사이버다인의 할

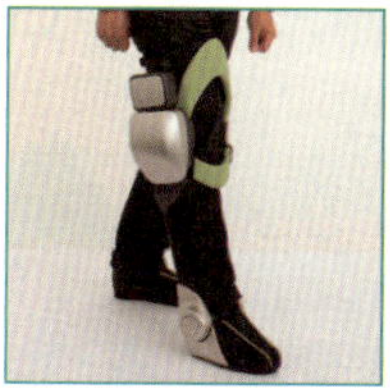
도요타의 보행보조 로봇

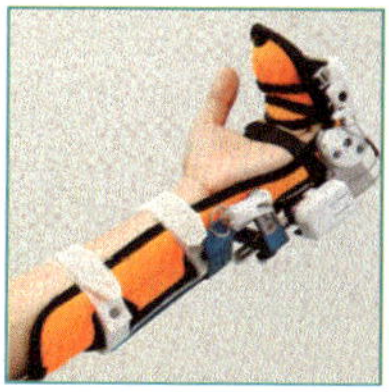
재활 로봇

자료: 강성관·반수경·차준섭, 2013, 「뉴실버 세대를 위한 융합형 스마트 생태계 조성에 관한 연구」, 미래창조과학부·방송통신위원회, 160, 161, 224쪽.

용 로봇, 노인의 근력을 보완해 주는 전기 근육 슈트 등이 개발되고 있으며, 앞으로 발전 영역이 무궁무진하다. 유통체계를 변화시켜 집 가까이에서 소량의 신선식품을 살 수 있도록 하거나, 간병 자격을 갖춘 전문가가 함께 가는 노인 맞춤형 투어 패키지를 개발하는 등 노인 맞춤형 상품들도 속속 개발되고 있다.

적극적인 삶의 주체로 등장하다

작가이자 저널리스트인 콜레트 메나주는 어느 날 자신이 '노인 집단'에 끼게 되었음을 깨달았다. 그녀는 사실을 슬퍼하고 당혹스러워하기보다 젊은 마음으로 활기차게 늙을 수 있는 기술을 전수받기 위해 프랑스의 저명한 작가, 과학자, 의사, 노인학자, 종교계 인사 등을 두루 찾아가 인터뷰를 하였다(그 내용은 『노년예찬: 나이 든 사람은 행복해야 할 책임이 있다』에 실려 있다). 그런데 그녀는 인터뷰 과정에서 놀라운 사실을 깨닫는다. 인터뷰에 응한 대다수 사람이, 60~75세는 말하자면 사춘기에 해당하며 진정한 노년은 90대 이후부터라고 생각한다는 점이다.

그도 그럴 것이, 현재 60~70대의 모습은 한 세대 전과 매우 다르고, 한 세대 이후에는 더욱 달라질 것이다. 이들은 돌봄을 받아야 하는 연약한 존재가 아니라, 건강하고 활동적이며 사회에 기여해야 하는 존재가 되어 가고 있다. 수명 연장은 노년기의 연장이 아니라 경제활동을 하는 성인기의 연장으로 바라보아야 한다. 실제로 많은 선진국이 정년을 65세 이후로 연장하거나 아예 폐지하는 사례를 볼 수 있다. 고령화를 젊은 세대에게 짐을 지우는 것이 아니라, 생산가능인구

주요국 정년 연장 사례

국가	변경 전	변경 후	도입 시기
독일	65세	67세	2012~2029년
스페인	65세	67세	2013~2027년
일본	60세	65세	2006~2013년
영국	65세	폐지	2011년
미국	70세	폐지	1986년

자료: 이재호, 2015, 「정년 연장이 노동시장에 미치는 영향과 관련된 주요국 사례」, 《국제경제리뷰》, 제2015-19호, 2쪽.

의 폭이 넓어지는 것으로 이해한다면, 생산가능인구 증대, 연금 고갈 해소 등 긍정적 효과를 기대할 수 있다. 물론 청년 실업 문제가 극심한 우리나라는 정년 연장에 관한 사회적 합의를 이끄는 데 상당한 진통이 따를 것으로 예상되지만, 장기적으로는 고려해야 할 문제임에 분명하다.

생산 활동에 참여하는지 여부를 떠나, 오늘날 노인에 대한 인식은 크게 변화하였다. 이들은 더 이상 인생의 황혼기를 맞이하여 죽을 날만 기다리는 수동적이고 조용한 존재가 아니다. 2013년 『창문 넘어 도망친 100세 노인』이 우리 서점가를 강타한 이후, 『감옥에 가기로 한 메르타 할머니』, 『할머니가 미안하다고 전해 달랬어요』, 『오베라는 남자』, 『괴짜 노인 그럼프』 등 북유럽 작품들이 쏟아져 나왔다.[23] 요양원보다 감옥이 낫다며 범죄자가 되기로 한 5인조 강도단, 아내와 사별한 후 자살을 시도하는 남자, 치매에 걸린 부인을 간호하며 자신의 관을 직접 짜기 시작한 남자 등 소재도 다양하다. 우연히도 이들 소설은 주인공이 모두 70~80대 노인이라는 공통점이 있다(59세인 오베와 100세인 알란을 제외하면). 노환으로 무릎이 아프거나 귀가 안 들린다. 그런데 주인공인 노인들은 하나같이 괴짜에 자기주장이 강하다. 사회규범이 아니라 스스로 정한 기준으로 행동한다. 그러나 자기 자식들보다도 유연한 사고를 가지고 있으며 세상 돌아가는 일에 관심이 많고, 평생 열심히 살아온 자신에 대한 자부심이 있으며, 무엇보다 독립적인 생활을 지키고자 애쓴다. 소박하지만 자신이 평생 일궈 온 자신의 집에서 자신의 방식으로 늙어 갈 수 있기를 '필사적으로' 선택한다. 은행털이에 성공하여 백만장자가 된 메르타 할머니 일행은 예외적으로 제2의 인생을 시작하기 위해 카리브해로 날아가지만, 고향이 그리워지면 언제든 돌아갈 수 있도록 조치해 두는 것을 잊지 않았다.

노인이 주인공인 베스트셀러 소설들

이들 소설이 베스트셀러 대열에 등극하는 이유는 무엇인가? 노인이 사회의 한 주체로 받아들여지고 있다는 뜻이다. 또한 자존감을 지키며 자신의 삶을 적극적으로 살아 내려는 그들의 모습에 우리 사회가 공감하고 있다는 뜻이다. 그리고 이런 공감이야말로 세대 갈등 완화의 물꼬를 트는 출발점이 될 것이다

행복 노인은 **지역사회가** 만든다

노후 행복은 건강, 경제, 활동, 관계의 복합체

인구구조의 고령화는 피할 수 없다. 우리는 이를 공포와 희망이 뒤섞인 시선으로 바라보고 있다. 누구나 오래 살기를 바라지만, 비참한 노후를 보내고 싶지 않기 때문이다. 이에 국가 차원에서는 사회보장제도를 보완하고 개인 차원에서는 연금과 보험 준비를 서두르고 있다. 그렇지만 노인의 삶의 질과 행복 측면에서 본다면, 고령사회 대비는 경제적 차원에만 머물러서는 안 된다.

'하류사회' 연구로 유명한 미우라 아츠시는 『40대가 미리 보는 하류노인 행복노인』을 통해 돈이 없어도 행복한 노인과 돈이 있어도 불행한 노인이 있음을 보여 준다.[24] 자산이 적은 하류노인이 행복을 느끼는 데는 부부관계, 자식과 손자 등 가족관계, 근처에 사는 사람과의 인간관계 등이 중요하였다. 미우라가 만난 후지노 히데토(레오스 캐피탈 워크스의 대표이사이자 최고투자책임자)는 '하류노인 같은 비참한 세계는 그리 간단히 오지 않는다'며 우리를 안심시킨다. 정년까지는 어느 정도 저축해서 연금도 조금 있고, 65세 이후에도 조금씩 벌고, 사회와의 접점을 가지면서 가족과 소통하고 있는 정도라면 노후를 그리 불안해하지 않아도 된다는 것이다. 미우라의 연구 결과 정말 불행한 사람은 하류이면서 욕심이 많은, 돈이 최고라는 가치관을 가진 사람으로 나타났다.

노인복지 전문가인 한혜경 교수도 행복한 노후는 돈으로만 결정되는 것이 아니라고 하였다. 10여 년 전부터 은퇴자들을 연구하면서 얻은 경험과 철학을 담고 있는 『나는 매일 은퇴를 꿈꾼다』에서 삶에 대한 지배력과 태도, 일상생활의 기술이 노후의 삶의 질을 결정한다고 강조한다. 그리고 이를 위해 건강한 자기중심성을 갖고 일과 배움과 여가가 조화를 이루는 삶을 이룰 것을 권한다. 특히 자원봉사 활동과 관계가 중요함을 역설하였다.[25]

노후 행복이 다차원적 요인으로 구성되어 있음은 '행복수명지표'에서도 알 수 있다. 이는 생명보험사회공헌위원회가 서울대 '노년은퇴설계연구소'와 공동으로 노후 준비 수준을 측정할 수 있도록 개발한 지표로, 행복한 노후생활에 필요한 조건들을 계량화하여 수명의 개념으로 보여 준 것이다. 지표는 신체적·정신적 건강, 경제적 안정,

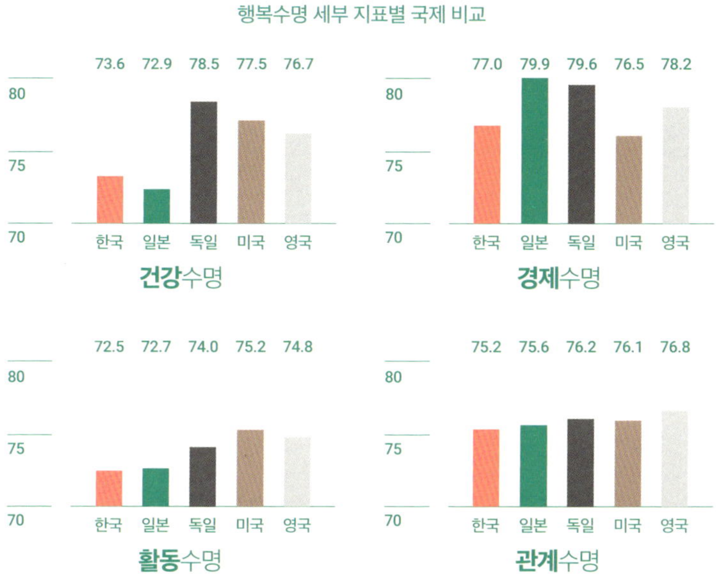

자료: 최현자, 2017, 「행복수명지표를 이용한 노후 준비 수준 국제 비교 연구」, 《월간생명보험》, 465, 6~27쪽.

사회적 활동, 원만한 인간관계 등 건강, 경제, 활동, 관계의 4대 영역으로 구성되어 있다. 행복수명지표가 보여 주는 것처럼 노후의 행복에는 건강과 경제, 사회적 활동과 인간관계가 복합적으로 작용한다. 생명보험사회공헌위원회가 2017년 발표한 자료에 따르면, 우리나라는 행복수명이 74.6세로 기대수명(83.1세)보다 약 8.5년 짧은 것으로 나타났다. 한국, 일본, 독일, 미국, 영국 등 5개국 간 비교에서 우리나라는 4대 영역 모두에서 준비도가 매우 낮음을 볼 수 있고, 특히 활동수명과 관계수명은 최하위로 나타났다.

지금까지 살펴본 내용을 종합하면, 노후 행복은 기본적인 경제력과 건강을 유지하고 적절한 사회관계와 활동을 하는 가운데 얻을 수 있음을 알 수 있다. 직업이나 자원봉사 활동을 지속하고 낙관적인 태도와 자존감을 유지하는 것이 건강 유지에 직결된다고 하니, 행복수명의 4대 요소, 즉 건강, 경제, 활동, 관계는 서로 독립적으로 존재하는 동시에 상호 영향을 맺는 유기적 연관관계로 보는 것이 옳다.

그런데 이들 4대 요소가 실현되는 곳은 어디인가? 바로 개인의 일상생활 공간, 즉 지역(동네)이다. 그리고 우리는 이 책에서 바로 이 부분을 진지하게 고민하자고 제안한다. 국가 차원에서 고령화에 대응할 수 있도록 제도적 기반을 설계한다고 하더라도, 구체적인 삶의 공간이 어떻게 재편되어야 할 것인가는 별개로 고민되어야 하는 영역이기 때문이다.

삶의 마지막 단계를 어디에서 보낼 것인가

일상생활 공간을 다시 들여다봐야 하는 이유는 무엇인가? 노후를 준비할 때 어디에서 살 것인가는 빼놓을 수 없는 요소이다. 사람들은 대부분 자기가 살던 익숙한 환경에서 살기를 원한다. 연금이 있고 부부가 서로 의지하고 살 때는 그리 어렵지 않다. 그러나 사별하여 홀로 되고, 생활비며 집 관리가 힘에 부치고, 몸이 아파 돌봐줄 사람이 필요한 단계가 오면 독립적인 생활을 유지하는 것이 어렵다. 과거에는 가족이 노인을 돌보았다. 일생을 함께 살아온 사람과 한 공간에서 여생을 보낼 수 있었던 것이다. 그러나 이와 같은 가족 돌봄 관계가 해체되면서, 현대 사회에서는 사회복지라는 이름의 사회적 돌봄이 그 자리를 대체하였다.

이때 사회복지제도가 선택한 방법은 이른바 '시설 요양'이었다. 요양원과 요양병원을 지어 노인들을 이곳으로 재배치해서 전문적으로 관리하는 것이다. 노인을 객체로 인식하고, 효율적이고 체계적인 운영을 추구하는 대단히 근대적인 접근이었다. 사실 시설 요양의 시작은 극빈층 노인들을 위한 일종의 구휼 대책이었다. 당시에는 시설과 위생이 열악하고, 노인 유기와 학대가 일어나며, 제대로 된 지원이 부족해 큰 사회적 문제가 되기도 했다. 하지만 이런 문제들은 점차 개선되었고, 중상류층을 위한 시설과 서비스도 크게 늘었다. 오늘날 선진국에서는 가난한 노인들도 요양원에서 적절하고 안전하게 보호받을 수 있다.[26]

그러나 문제는 지금과 같은 추세라면 시설을 얼마나 더 지어야 할지 모른다는 점이다. 수요를 충당하자면 어마어마한 사회적 부담으로 되돌아올 것이다. 더구나 노인시설이 노인의 삶의 질을 높이는데 적합한지 여부는 사회적 부담과 별개로 깊이 생각해 볼 문제이다. 아툴 가완디는 노인 환자들의 증가로 병원의 병동이 모자라자 이 문제를 효과적으로 해소하기 위해 도입한 비인간적 시설이 바로 요양원의 출발이라고 꼬집기까지 하였다.

요나스 요나손을 일거에 세계적인 베스트셀러 작가의 반열에 올려놓은 『창문 넘어 도망친 100세 노인』은 주인공 알란 칼손이 자신의 100세 생일파티 한 시간 전에 요양원 창문을 넘어 도망치는 장면에서 시작한다.[27] 파란만장한 인생 끝에 알란에게 찾아온 은둔생활의 평화는 뜻하지 않은 사고(자신의 고양이를 물어 간 여우에게 복수하려다 여우뿐만 아니라 자신의 집까지 날려 버린 사건)로 깨지고 말았다. 이 때문에 알란은 사회복지사에게 발견되어 말름셰핑 요양원에 입소하게 된다. 그는 요양원에 들어간 직후, 그곳에서 인생을 마칠 수 없다는 사실을 깨달았다.

“

부드러운 미소로 그를 맞아 준 알리스 원장은, 그러나 내규를 알려주며 단 몇 분 만에 삶의 즐거움을 모조리 앗아 갔다. 흡연 금지, 음주 금지, 그리고 저녁 11시 이후에는 텔레비전 시청 금지…. 그녀는 아침식사 시간은 주중에는 6시 45분이고 휴일에는 그보다 한 시간 늦다고 설명했다. 11시 15분에는 점심 식사, 오후 3시 15분에는 간식, 6시 15분에는 저녁 식사, 정해진 시간 이후에 도착하는 원생은 이유를 불문하고 식사할 수 없다. … 이어서 알리스 원장은 샤워, 양치질, 외부인들의 방문, 원생들 간의 방문 등에 관련된 규정들을 열거했다.

”

『창문 넘어 도망친 100세 노인』에서

복지선진국 스웨덴도 요양원 생활은 천국 같지만은 않은 모양이다. 정해진 스케줄에 따라 수동적으로 존재하기만 하면 되는 요양원의 생활은 알란에게서 자신을 통제할 능력을, 자기 자신으로 존재할 수 있다는 느낌을 앗아 가고 있었던 것이다. 공동생활을 효율적으로 관리해야 하는 요양시설에서는 정해진 규칙이 있을 수밖에 없으며, 노인들은 결국 관리의 대상이 되고 만다. 자신의 생활을 주체적으로 영위할 능력을 잃게 되는 것이다. 삶의 주도성을 상실한 채 죽음을 기다리는 것이 우리가 진정 원하는 미래인가.

베스킨라빈스의 유일한 상속자에서 환경운동가로 변신한 존 로빈스는 『존 로빈스의 100세 혁명』에서 현대사회가 삶을 연장시키는 것이 아니라 죽어 가는 과정을 연장시키고 있는 것은 아닌지 되돌아보기를 촉구한다.[28] 『어떻게 죽을 것인가』에서 아툴 가완디도 우리에게 삶의 마지막 단계를 어디에서 보낼 것인지를 숙고하지 않는다고 일침을 놓는다. 요양원이나 양로원에서 시들어 가다가 병원에서 삶을 마무리할 것이냐고, 그것보다 나은 방법이 있지 않느냐고 말이다.

정든 동네에서 늙어 갈 권리

적어도 고령화 선배 국가들 사이에서는 획일화된 시설 안에서 수동적으로 지내다가 죽어 가기를 거부하고, 그 대안, 즉 살던 곳에서 계

존 로빈스는

현대사회가 삶을 연장시키는 것이 아니라

죽어 가는 과정을 연장시키고 있는 것은 아닌지

되돌아보기를 촉구한다.

아툴 가완디도

우리에게 삶의 마지막 단계를 어디에서 보낼 것인가에 대해

숙고하지 않는다고 일침을 놓는다.

속 살 수 있는 방법을 모색하는 움직임이 두드러지게 나타나고 있는 것 같다.

선행 연구에 따르면 사람은 나이가 들수록 자신이 살고 있던 장소에 대한 애착과 소속감이 증가한다고 한다. 롤스(Rowles, 1973, 1983)는 이와 같은 장소에 대한 애착을 내부성(insideness)이라는 용어로 개념화하였다. 그리고 이를 설명하기 위해 물리적 내부성(physical insideness), 사회적 내부성(social insideness), 자전적 내부성(autobiographical insideness) 등 세 측면을 제시하였다. 물리적 내부성은 어떤 지역에 오랫동안 거주함으로써 자신만의 생활 리듬과 루틴을 형성하여 환경을 통제할 수 있게 되는 상태를, 사회적 내부성은 다른 사람들과 서로 맺게 되는 사회적 관계를, 그리고 자전적 내부성은 자기정체성을 형성하는 추억들이 쌓인 장소에 품는 애착감을 말한다.[29] 이를 통해 보면, 장소에 대한 애착은 복합적으로 일어나며 시간을 두고 서서히 쌓여 가는 것으로 이해할 수 있다. 그리고 애착을 느끼는 장소에서 늙어 갈 때 안정감과 편안함을 느낄 수 있기 때문에, 노인들은 대부분 살던 곳에서 계속 살기를 희망하는 것이다.

노인들이 시설로 옮겨 가는 것은 더 이상 자기 집에서 자립적으로 살 수 없는 상황이 되었기 때문이다. 이를 해결하기 위해 주택을 개조하고 필요 서비스, 가령 가사나 주택 관리, 케어 서비스(care service) 등을 연계하는 물리적 환경 개선이 시설 입소의 대안적 개념으로 발전하였다. 이를 학술적으로는 살던 곳에서 늙어 가기(Aging in Place: AiP, 살던 곳에서 늙어 가기)라고 한다. 그러나 여기에도 문제가 있었다. '살던 곳(place)'을 노인이 거주하는 '집'으로 한정하여 이해해, '살던 곳에서 늙어 가기'가 제한적일 수밖에 없다는 비판이다. 장소 애착을 일으키는 물리적, 사회적, 자전적 내부성에 대한 종합적 이해 없이 단순히 집과 같은 물리적 환경을 개선하는 것만으로는 진정한 의미의 살던 곳에서 늙어 가기를 만들어 낼 수 없다는 지적이다. 게다가 필요한 서비스들을 개별적으로 이용하면 개인으로서는 시설 입소보다 더 큰 비용이 들 수 있다. 경제 수준에 따른 격차와 배제도 발생한다. 따라서 살던 곳에서 늙어 가기를 연구하던 많은 학자들이 장소에 대한 이해를 광의적으로 해석해야 한다는 데 뜻을 모으기에 이른다. 자신이 살고 있는 집뿐만 아니라 노인이 친숙한 생활 지역, 즉 지역사회까지 개념을 확장해야 한다는 것이다.[30]

대표적으로 미국 노인학자인 토마스와 블랜차드는 '초점을 주거에서 사회적 관계로 옮길' 것을 제안하면서, 이를 '지역사회에서 늙어 가기(Aging in Community)'로 개념화했다.[31] 그는 우리가 잘 늙어 가기 위해서는 지역사회의 물리적 환경 개선뿐 아니라 지역공동체의 사회적 관계와 협력이 필요함을 강조한다. 특히 흥미로운 부분은 사회적 자본 측면에서 이 개념이 가장 경제적이고 지속가능하다는 점이다. '지역사회에서 늙어 가기'는 정부와 개인의 경제적 자본과 공동체의 사회적 자본을 적절히 혼합해서 활용한다. 실천 과정에서 사회적 자본을 쓰기만 하는 게 아니라 생산도 한다. 이를 통해 경제적 자본의 부족과 격차를 효과적으로 보충할 수 있다. 이런 점에서 두 학자는 '지역사회에서 늙어 가기' 개념이, 시설 요양의 문제점에서 출발한

'살던 곳에서 늙어 가기'의 취지를 계승하되 한계를 보완한 제3의 대안이라고 설명했다.[32]

지역사회 돌봄체계는 노인의 자존감을 유지하는 동시에 의료비와 사회보험 등 국가재정의 부담을 덜어 줄 수 있을 것으로 예상된다. 노인들이 살던 동네에서 계속 살아갈 수 있도록 환경을 개선하거나 서비스를 제공하는 등의 실험들이 진행되고 있으며, 세계보건기구는 고령친화도시 네트워크를 만들어 회원 도시 간에 노하우를 공유할 수 있는 기반을 만들었다.

고령화에 대비한 사회 변화를 촉구하는 많은 문헌들에서도 고령사회 문제의 해답으로 '지역사회'를 강조하고 있다. 미우라 아츠시 역시 『40대가 미리 보는 하류노인 행복노인』에서 행복한 노년을 위해서는 지역사회 교류가 중요한 요건이라고 강조한다. 하류노인을 행복하게 하는 중요한 요인 중 하나가 가족·이웃과의 좋은 관계인데, 부부는 언젠가 혼자가 되고 자녀는 멀리 살고 있을지 모르기 때문에 친척과의 교류나 이웃과의 교제가 삶의 질을 높여 주고 중요한 의미를 갖는다는 것이다. 또한 동세대 친구뿐 아니라 젊은 세대와의 교류도 중요할 것으로 보았다.

우리를 공포에 빠뜨린 『가족의 파산 – 장수가 부른 공멸』에서는 더욱 적극적으로 '지역의 힘'을 강조한다. 사이타마현 삿테시의 '행복 도움대'는 지역사회가 힘을 합해 일중독거(日中獨居)를 해결하는 사례이다. 일중독거는 가족이 일을 해서 평일에는 독거생활이나 다름없는 고령자의 고립 문제를 말한다. 행복 도움대란 청소, 쓰레기 버리기, 장보기 등 장기요양보험 서비스를 만들어 '가사 도움'에 해당하는 서비스를 봉사자가 저렴한 비용으로 해결해 주는 서비스이다. 장보기만 도움 받고 싶은 경우에도 부담 없이 이용할 수 있어 300명의 이용자가 등록한 상태다. 비용은 1회 350엔(약 3,860원)으로, 봉사자는 1회 250엔의 지역통화, 즉 지역 상점에서 사용할 수 있는 상품권을 받는다. 나머지 100엔은 제도 운영비로 사용해 일회성으로 끝나지 않도록 등록자를 관리한다. 행복 도움대는 이용자뿐 아니라 봉사자도 노인이다. 지역의 자원을 활용하면서 지역사회가 다 함께 소통과 협력으로 노인의 일상생활을 지원하고 가족과 요양 서비스의 한계를 채운다.

『어떻게 죽을 것인가』에는 '체이스 메모리얼 요양원', '뉴브리지 온 더 찰스', '피터 샌본 플레이스', '비콘힐 빌리지', '애선스 빌리지' 등의 모델들이 소개되고 있다. 이들은 노인 요양원, 저소득 노인 임대주택, 은퇴자 마을 등 다양한 배경을 갖고 있지만, 노인들의 독립적인 생활을 보장하는 동시에 지역사회와의 연계를 강조한다는 공통점이 있다. 예를 들면 지역 학교와 시설의 운동장을 공유하면서 노인들은 학교에 강사로, 학생들은 시설에 자원봉사로 방문하여 유대를 쌓고 있는 것이다.

지역사회, 즉 '동네에서 늙어 가기'는 고령화 시대를 맞이하여 우리가 매우 중요하게 준비해야 하는 지점이다. 서울시 역시 급속한 고령화 추세에 대응하여 여러 전략들을 수립해 왔으며, '지역'의 관점이 정책에 고려되기 시작하였다. 예를 들면 2015년 서울시복지재단이 수행한 「2030 서울시 고령사회 마스터플랜 연구」는 정책 영역 중 하나로 '정든 서울에서 살기 지원'을 설정하고, 지역 주거 및 생태적 고령친화마을 개념을 도입하였다. 그러나 고령화 시대에 지역사회는 어떻게 변모해야 하는지에 대한 구체적인 논의는 아직까지 미흡한 것으로 보인다. 이는 복지나 계획 등 특정 영역만의 문제가 아니라, 경제와 사회, 문화, 공간 등 사회 시스템과 관련한 전 영역이 전면적으로 함께 고민하고 변화해야 하는 문제이기 때문이다. 우리는 이 책에서 이런 논의의 물꼬를 트고자 한다. 그리고 그 출발점을 실제 '지역사회'에서 노인들이 어떤 모습으로 살아가고 있는지부터 살피는 것으로 잡았다. 도시의 일반적 상황을 논하기보다는 서울시 차원에서, 그리고 서울시 전체보다는 자치구나 동, 또는 그보다 더 하위의 생활 공간에서 실제로 노인들이 어떻게 살고 있고 무슨 생각을 하는지 알아야 구체적인 방안을 수립할 수 있기 때문이다. 우리는 이런 질문을 안고 서울 노인의 일상으로 들어가 보기로 하였다.

2부

도시가 노인을 대하는 방식

함께 만드는 **고령친화** 도시[33]

살던 곳에서 활기차게 늙어 갈 수 있는 도시

"21세기를 좌우할 세계적인 트렌드는 고령화와 도시화다." 이는 2007년 세계보건기구가 발표한 고령친화도시 가이드[34]의 첫 문장이다. 당시 선진국들은 전체 인구의 20퍼센트 이상이 노인인 초고령사회가 목전이었다. 개발도상국들의 도시화와 고령화는 경제개발 속도만큼이나 빨랐다. 유엔 보고서에[35] 따르면, 2015년 전 세계 도시화율은 53.9퍼센트로 인류의 절반 이상이 도시에 살고 있다. 2050년이면 전 세계 고령화율은 22퍼센트, 도시화율은 70퍼센트에 이를 것으로 전망된다. 한국은 20년 이상 빠른 2026년이면 초고령사회가 되고,

도시화율도 86퍼센트를 넘어선다.

인류 역사상 가장 많은 노인이 도시에서 살아가는 시대이지만 노인이 살기 좋은 도시는 거의 없다. 지금껏 도시는 신체 기능과 사회 활동이 왕성한 청장년층을 전제로 만들어져 왔기 때문이다. 나이가 들면서 겪게 되는 신체적·사회적 변화를 고려해 도시 환경을 다각적으로 개선함으로써 노인들도 삶의 질을 유지할 수 있도록 하는 것이 세계보건기구 주도하에 전 세계 41개국 833개 도시와 커뮤니티들이 추진하고 있는 고령친화도시의 목표다.

고령친화도시는 구체적으로 '활기찬 노년(Active Aging)'과 '살던 곳에서 늙어 가기(Aging in Place)'를 추구한다. 활기찬 노년은 늙었다고 해서 삶이 무기력하고 위축되는 것이 아니라 여전히 건강하고 사회 활동도 왕성한 노후를 보내는 것을 말한다. 살던 곳에서 늙어 가기는 신체 기능이 약해지더라도 요양시설로 입소해 환자처럼 관리 받기보다는, 오랫동안 살아온 집과 동네에서 독립적이고 자율적인 삶을 최대한 지속하는 것을 말한다. 고령친화도시의 이런 개념은 노인을 욕구에 기초해(need-base) 돌봄의 대상으로 바라보던 수동적인 접근에서, 권리에 기초해(right-base) 독립적인 주체로 바라보는 적극적인 접근으로 전환됐다는 평가를 받는다.[36]

살던 곳에서 늙어 가기는

신체 기능이 약해지더라도

오랫동안 살아온 집과 동네에서 독립적이고 자율적인 삶을

최대한 지속하는 것을 말한다.

노인을 위한,
노인에 의한 가이드

그렇다면 노인이 살던 곳에서 활기차게 늙어 갈 수 있는 도시는 어떻게 만들 수 있을까? 세계보건기구는 도시정부들이 고령친화도시 실행계획을 세우고 실행할 수 있도록 8가지 영역과 이에 따른 70가지 세부 항목을 제시했다. 이 가이드는 33개 도시에서 1,485명의 노인, 장애가 있는 노인을 대변하는 740명의 노인 서비스 제공자와 간병인들이 참여해 상향적으로 만들었다. 노인이 노인을 위한 계획을 세우게 했던 것이다. 이렇게 만들어진 고령친화도시의 8대 영역은 ❶ 외부 환경과 시설, ❷ 교통수단 편의성, ❸ 주거 환경 안정성, ❹ 여가와 사회 활동, ❺ 존중과 사회통합, ❻ 인적 자원의 활용, ❼ 의사소통과 정보, ❽ 건강과 지역 돌봄이다.[37] 이 영역들을 조금 더 깊이 들여다보면 고령친화도시의 특징이 무엇인지 이해하는 데 도움이 된다.

첫째, 과거 보건복지 중심의 노인정책과 다르게 물리적 환경 개선을 중요하게 다뤘다. '외부 환경과 시설', '교통수단 편의성', '주거 환경 안정성'을 8대 영역의 맨 앞에 두었고, 이에 따른 세부 항목도 36개로 절반이 넘는다. 여기에는 무장애 디자인(universal design)의 적용, 공공시설과 대중교통의 접근성 향상, 노인의 신체 기능에 맞춘 주택 설계와 수리 등 2007년 당시에는 혁신적인 내용이 다수 포함되어 있다. 노인이 사는 집 못지않게 주변 공공시설과 그곳을 오가는 교통

고령친화도시 8대 영역과 기본 방향

	8대 영역	기본 방향
물리적 환경	❶ 외부 환경과 시설 (Outdoor spaces and buildings)	• 도시기반시설의 안전성·편리성·접근성 제고 • 야외 환경과 공공건물 등을 포괄
	❷ 교통수단 편의성 (Transportation)	• 이용이 쉽고 저렴한 대중교통 편의 환경 구축 • 고령자의 사회참여 및 의료 서비스 접근성 제고
	❸ 주거 환경 안정성 (Housing)	• 주거시설의 구조·디자인·위치·비용 및 공공설계 • 고령자의 편안하고 안전한 삶을 실현
사회적 환경	❹ 여가와 사회 활동 (Social participation)	• 고령자의 가족·사회·문화·종교·여가 활동 접근성 • 행정·정보지원체계를 통한 사회적 소속감 증대
	❺ 존중과 사회통합 (Respect and social inclusion)	• 고령자 이미지 향상을 위한 교육 및 매체 활용 • 지역사회 내 고령자 역할 강화를 통한 세대 통합
	❻ 인적 자원의 활용 (Civic participation and employment)	• 고령자 욕구에 따른 자원봉사 및 취업 기회 확대 • 시민 참여 활동 독려 및 지역사회 공헌 활성화
	❼ 의사소통과 정보 (Communication and information)	• 고령자 특성을 반영한 다양한 정보제공체계 구축 • 정보접근성 강화로 사회 활동 및 인간관계 활성화
	❽ 건강과 지역 돌봄 (Community support and health services)	• 고령자 의료 서비스의 충분성·적절성·접근성 강화 • 고령자 건강생활 유지 및 자립생활 가능성 증대

까지 중요하게 다룬 점에서, 활기찬 노년이란 집안에만 갇혀 있지 않고 동네 곳곳을, 더 나아가 도시 전체를 자유롭게 활보하는 것으로 생각했음을 알 수 있다.

둘째, 보건복지 서비스도 살던 곳에서 늙어 가기에 맞춰 수정하고 발전시켰다. 8대 영역 중에는 '건강과 지역 돌봄'만 해당하는 것처럼 보이지만, 여러 영역의 세부 항목에 이런 고려가 녹아들어 있다. 예컨대, 고령친화주택에 사는 노인이더라도 요리, 목욕, 복약 등 생활 및 건강관리는 누군가의 도움이 필요하다. 주거 환경 안정성 영역의 '서비스 접근성(Access to service)'과 건강과 지역 돌봄 영역의 '홈케어(Home care)'는 이런 점을 고려해 기존 요양 서비스를 발전시킨 대목이다. 살던 곳에서 계속 늙어 갈 수 있는 도시 환경은 물리적 시설과 사회적 서비스의 적절한 결합으로 만들어진다는 인식이 엿보인다.

셋째, 심리적·문화적 차원까지 고려해 노인에 대한 '존중과 사회통합'을 강조했다. 노인을 위한 도시 환경을 완성하는 것은 결국 노인과 함께 살아가는 다른 사회 구성원의 인식과 태도일 것이다. 이를 위해 노인에 대한 적대, 배제, 동정을 지양하자는 원칙적인 것부터, 노인 고객과 운전자를 배려하는 세밀한 것까지 세부 항목으로 제시했다. 무엇보다 '바람직한 존중'은 노인이 가족과 지역사회 안에서 잉여가 아닌 어엿한 제 위치를 갖는 것이라고도 역설했다.

서울시, 고령친화도시 실행계획을 세우다

서울시가 이런 고령친화도시 조성 노력에 동참하기 시작한 것은 2010년부터다. 이 해에 처음으로 서울의 노인인구는 100만 명, 고령화율은 10퍼센트를 넘어섰다.[38] 서울시는 빠르게 진행되는 고령화에 대응하려면 기존 노인복지정책의 패러다임 전환이 필요하다고 생각했고, 해외 동향을 살피던 중 세계보건기구가 주도하는 고령친화도

서울시 2020년 고령사회 마스터플랜의 구성

분야	세부계획
건강한 노후 (Healthy)	• 건강 증진 지원 강화 • 요양 보호 서비스 확충 • 질병 예방 시스템 강화
활기찬 생활 (Active)	• 사회 활동 참여 활성화 • 여가문화의 기회 확대 • 평생학습 기회 확대
생산적 노년 (Productive)	• 고령친화 일자리 창출 • 취창업 교육 훈련 확대 • 고령친화 기업 육성 지원
통합적 사회 (Integrated)	• 권익 증진 확대 • 세대 통합 조성 • 인식 문화 개선
편리한 환경 (Environment)	• 이동 편의 환경 조성 • 일상생활 편의 제공 • 고령친화 주거 환경 조성

시 국제네트워크(GNAFCC)[39]를 알게 된 것이다. 그해 서울시는 세계보건기구 가이드를 바탕으로 「2020년 고령사회 마스터플랜」을 세웠다. 이 계획에는 노인뿐 아니라 시민 모두가 편안하고 안전한 도시 환경 조성을 통한 '건강하고 활기찬 100세 도시, 서울'이라는 비전과 함께, '고령친화도시'라는 용어가 정책 목표로 처음 언급됐다.[40]

2011년 7월에는 「서울시 고령친화도시 구현을 위한 노인복지 기본조례」를 제정해 고령친화도시 조성을 위한 법적 근거를 마련했고, 2012년 11월에는 제1기 고령친화도시 실행계획인 「서울어르신 종합계획」을 발표했다. 2013년부터 3년간 서울을 고령친화도시로 만들기 위한 구체적인 과제와 전략을 세운 것이다. 서울시는 세계보건기구로부터 이런 노력을 인정받아, 2013년 6월 고령친화도시 국

서울어르신종합계획의 주요 내용

6대 분야	세부 계획	6대 분야	세부 계획
Ⅰ. 제2인생 설계 지원	① 서울인생이모작지원센터 설치 ② 신노년층 대상 평생교육 강화 ③ 베이비부머 엑스포 개최 ④ 전문직 은퇴자 인재은행 구축 ⑤ 신노년 단체 육성 및 사업 지원 ⑥ 신노년 정책 자문단 구성	Ⅳ. 살기 편한 환경	① 기존 노인종합복지관 기능 개편 ② 유니버설 디자인 가이드라인 적용 ③ 어르신 복지시설 지속 확충 ④ 고령자 전용 임대주택 공급 확대 ⑤ 독거 어르신 지원주택 공급
Ⅱ. 맞춤형 일자리	① 서울형 공공일자리 확충 ② 온라인 일자리 전담 창구 운영 ③ 시니어클럽 및 사회적기업 확대 ④ 도농 일자리 교류 사업 지원 ⑤ 어르신 이색 일자리 발굴	Ⅴ. 활기찬 여가문화	① 어르신 동아리 활성화 지원 ② 신 노년문화 프로그램 확대 실시 ③ 종묘·탑골공원 문화 업그레이드 ④ 경로당 활성화 지역협의체 구성 ⑤ 경로당 활성화 코디네이터 육성 ⑥ 경로당 특화 프로그램 운영 지원
Ⅲ. 건강한 노후	① 민간자원 연계 돌봄 수혜자 확대 ② 독거 어르신 맞춤 돌봄 서비스 제공 ③ 독거 어르신 기능 평가와 운동 처방 ④ 비수급 어르신 장기요양 등 지원 ⑤ 재가 어르신 지원 서비스 강화 ⑥ 노인 자살 예방 대책 강화	Ⅵ. 존중과 세대 통합	① 사회 공헌 어르신·단체 발굴, 시상 ② 지역사회 내 어르신 역할 강화 ③ 고령친화방송 가이드라인 개발 ④ 세대공감 토크 콘서트 개최 ⑤ 독거 어르신-대학생 간 주거 공유 지원 ⑥ 새대 융합 문화예술 활동 지원

제네트워크 회원도시가 되었다. 이는 전 세계에서는 139번째지만, 인구 천만 대도시로는 뉴욕에 이은 두 번째 도시이자, 한국에서는 첫 번째 도시로 가입한 선도적인 결과였다.

서울시 실행계획의 가장 큰 특징은 고령친화도시의 8대 영역을 서울의 현황과 정책 목표에 맞춰 6대 영역으로 재구성한 것이다. 세계보건기구 가이드 중 물리적 환경과 관련된 '외부 환경과 시설', '교통수단 편의성', '주거 환경 안정성'은 "살기 편한 환경"으로 합치고, '존중과 사회통합', '의사소통과 정보'는 "존중과 세대 통합"으로 합쳐 성격이 비슷한 영역의 연계 효과를 높이고자 했다. 서울시의 주요 정책 대상인 50대 베이비붐 세대의 노후 준비를 지원하기 위해 세계보

서울어르신종합계획의 6대 영역

자료: 고령친화서울 홈페이지.

건기구 가이드에는 없는 “제2인생 설계 지원” 영역을 새롭게 추가했다.[41] 또한 세계보건기구 가이드는 ‘인적 자원의 활용’ 영역에서 일자리와 사회 공헌 활동을 함께 다루지만, 서울시 실행계획은 사회 공헌 활동을 “활기찬 여가문화”와 “존중과 세대 통합” 영역으로 옮겼다.

서울시 실행계획에는 정기적으로 서울 노인의 고령친화 체감도를 조사하는 것도 포함되어 있다. 세계보건기구는 국제네트워크 회원 자격을 유지하려면 실행계획 추진 결과를 점검하고 이를 바탕으로 다음 실행계획을 발전시키는 지속적인 노력을 기울이도록 요구하고 있기 때문이다. 서울시도 정책 효과를 진단하려면 시민들의 고령친화 체감도를 주기적으로 확인할 필요가 있다고 판단해 기본조례로 2년마다 1회 이상 조사를 하도록 정했다.[42] 이에 따라 서울시는 2012년과 2014년 두 차례, 서울 노인을 대상으로 고령친화 체감도를 조사했다.[43] 따라서 서울이 얼마나 고령친화적인 도시인지는 서울 노인의 현황, 서울시 실행계획의 추진 결과와 이에 따른 체감도를 확인함으로써 가늠해 볼 수 있다.

고령화는
상태이지
불행이 아니다

2018년, 처음으로 고령사회가 된 서울

2018년 서울시 전체 인구는 977만 명, 그중 65세 이상은 141만 명으로[44] 고령화율이 14.4퍼센트가 되었다. 2018년은 서울이 고령화사회에서 고령사회로 바뀐 역사적인 해다. 2010년 고령화율이 10퍼센트를 넘은 지 불과 8년만으로, 세계에서 유래를 찾기 힘든 빠른 속도다. 노인은 많아지는 반면, 전체 인구는 줄어든다는 것은 노인을 부양하기 위한 사회적 부담이 그만큼 늘어난다는 뜻이다. 생산가능인구인 15~64세 인구 100명당 노인인구 비율을 뜻하는 노년부양비는 서울의 경우 2015년 16명에서 2045년 57.4명으로 3배 이상 높아질 전망

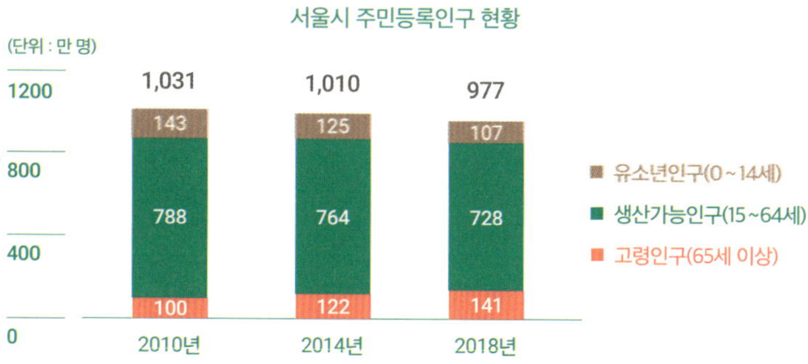

자료: 통계청, 2010, 2014, 2018 행정안전부 주민등록인구 현황.

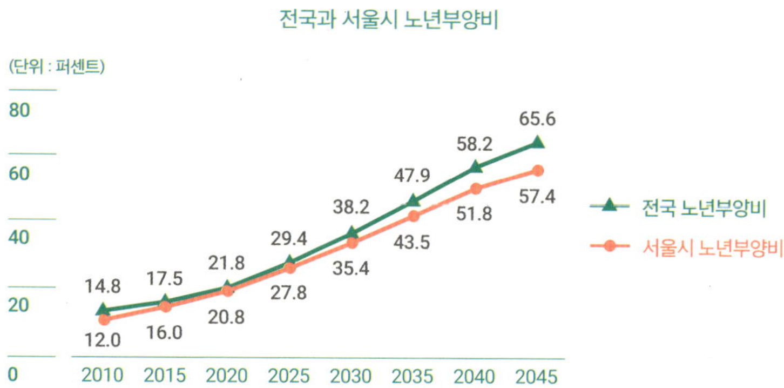

자료: 통계청, 2017.6, 2010~2045년 장래인구추계.

이다.

고령화율과 노년부양비가 빠르게 증가하지만, 서울이 유독 심각한 상황인 것은 아니다. 세종시 등 일부 도시를 제외하면, 서울은 한국에서 고령화율과 노년부양비가 비교적 낮은 편에 속한다. 노인인구의 구성비율도 65~74세인 노인이 59.6퍼센트로 절반이 넘고, 전국 평균보다 4퍼센트 정도 높아 젊은 노인이 많은 편이다.[45] 젊은 노인 중에는 여전히 건강하고 활동적이어서 부양받기보다는 스스로 삶을 유지할 기회와 사회에 기여하는 새로운 역할이 주어지길 바라는 사람이 많다. 이처럼 서울은 고령친화도시로 발전할 수 있는 여력과 가능성이 있다.

서울 노인 실태의 빛과 그림자

그렇지만 서울에는 가난하고 외롭고 아픈 노인이 적지 않다. '가난'부터 살펴보면, 서울 노인가구의 31퍼센트는 월평균 소득이 100만 원을 밑돈다. 서울 노인의 21.7퍼센트는 여전히 일하고 있고, 그중 74.7퍼센트는 생계비 마련이 목적이다.[46] 다음으로 '고독'은 가구 유형으로 확인할 수 있는데, 서울 노인의 22.3퍼센트가 1인 가구, 즉 홀몸노인이다.[47] 이들은 2인 가구나 다세대 가구에 비해 소득이 더 낮고 노후 준비도 부족하다. 홀몸노인의 76.8퍼센트가 월 100만 원 미만의 소득으로 생활하고, 약 80퍼센트는 노후자금을 준비하지 못한 것으로 조사됐다.[48] 마지막으로 '건강'은 고혈압, 관절염, 당뇨병 등 노화에 따른 만성질환으로 확인해 보면, 서울 노인은 평균 2.8개의 만성질환을 앓고 있다.[49] 만성질환이 3개 이상이면 특별관리가 필요한 복합 만성질환자로 분류하는데,[50] 평균값이 여기에 근접한 수준이다.

이렇다 보니 70대 이상 노인들이 서울 시민의 전체 의료비 지출 중 44퍼센트를 차지한다.[51]

하지만 동시에 서울 노인들은 자립적이고 활동적이며 건강하기도 하다. 서울 노인의 83.6퍼센트는 한 가정을 부양하는 가구주이거나 그 배우자이다. 부양을 받는 의존적인 노인은 16.5퍼센트에 불과하다. 고령사회로 접어들면 노인 부양이 사회적으로 큰 부담이 되리라는 전망과는 사뭇 다른 결과다.[52] 결혼한 자녀와 함께 사는 이유도 외롭거나(4.6퍼센트) 경제적 능력이 부족한 경우(20.0퍼센트)보다는, 자녀의 가사나 손자녀 양육을 돕거나(36.9퍼센트) 자녀의 경제적 능력이 부족해서인(12.5퍼센트) 경우가 2배나 많았다.[53]

홀몸노인과 노부부는 외롭다고 단정하는 것도 무리가 있다. 노인 1~2인 가구의 30.1퍼센트는 '개인 또는 부부만의 생활을 누리고 싶어서, 경제적 능력이나 건강이 허락해서, 살던 곳에서 계속 살고 싶어서' 등의 이유로 자립적인 생활을 선택한 사례다.[54] 자녀가 결혼하면 분가하는 사회문화적 변화에 따른 선택도 41.8퍼센트에 달한다.

서울 노인은 비교적 건강하기도 하다. 노인의 신체 기능 상태를 파악하는 대표적인 지표 중 하나가 '수단적 일상생활 수행 능력(IADL)'[55]이다. 식사, 세수, 목욕 등 최소한의 생활 활동 외에도 전화, 외출, 장보기, 집안일 등 좀 더 복잡한 생활 활동도 스스로 할 수 있는 능력이 있는지 점검하는 것이다. 서울 노인 중 수단적 일상생활 수행 능력에 어려움이 있는 경우는 13.8퍼센트로 전국 평균보다 3.2퍼센트 낮다.[56] 또한 서울 노인은 지난 1년간 병원에 입원한 적이 있는 경우도, 영양 상태가 나쁜 경우도 전국 대비 3퍼센트 이상 적다.[57] 서울 노인의 운동 실천율은 55.2퍼센트, 치매조기검진율은 42.6퍼센트로 각각 전국 대비 7퍼센트와 3퍼센트씩 높다.[58] 치과 치료를 받지 않는 노인 비율도 서울은 11.8퍼센트로 전국 대비 3.2퍼센트 낮다.[59] 서울 노인은 전국 노인에 견줘 더 건강하고 건강관리도 더 열심인 것을 알 수 있다.

지금까지 살펴본 것처럼 서울 노인의 실태는 어두운 면과 밝은 면이 공존한다. 가난하고 고독하며 아픈 노인들이 있는 것은 사실이다. 나이가 들면서 이전보다 소득, 가족, 신체 기능이 줄어들고, 과거에는 사회 전체와 개인 모두 노후 준비에 소홀했던 탓이다. 그렇다고 해서 노인을 돌봄의 대상으로만 바라보기엔 자립적이고 능동적이며 건강한 면도 존재한다. 젊은 시절 일궈 온 자산을 바탕으로 자신은 물론 가족까지 여전히 부양하기도 하고, 스스로 개인적인 삶을 선택하되 필요에 따라 사회적 관계를 맺기도 한다. 비록 신체 기능은 약해지고 만성질환이 늘었지만 그런 만큼 건강관리에 적극적이다. 고령친화도시는 이런 노인 실태의 빛과 그림자를 균형 있게 바라보고, 그림자에는 돌봄과 지원을, 빛에는 노인이 스스로 활기찬 노년을 일궈 가도록 환경과 기회를 제공하는 섬세한 접근법으로 만들 수 있다.

서울 노인의 실태는
어두운 면과 밝은 면이 공존한다.
따라서 그림자에는 돌봄과 지원을,
빛에는 노인이 스스로 노년을 일궈 가도록
환경과 기회를 제공하는 섬세한 접근법이 필요하다.

노인이 **살기 좋은** 동네를 위해

서울시는 이런 서울 노인의 실태에 맞춰 그동안 고령친화도시 실행계획을 어떻게 실현했을까? 그 결과를 서울 노인들은 얼마나 체감하고 있을까? 2015년 서울시와 서울시복지재단이 발행한 「서울시 2기 고령친화도시 실행계획 수립」 연구보고서는 1기 실행계획의 추진 실적, 2012년과 2014년 두 차례 서울 노인실태조사의 체감도 결과를 제시하고 있다. 이 내용을 서울시 실행계획의 6대 영역 중 베이비붐 세대를 위한 '제2인생 설계 지원'을 제외한 5가지 영역에 따라 자세히 살펴보자.

맞춤형 일자리, 기대치 높지만 체감도 낮아

'맞춤형 일자리'는 서울시 실행계획의 역점 영역이다. 서울 노인들의 높은 일자리 욕구를 감안해 서울시는 세계보건기구 가이드 중 '인적 자원의 활용' 영역에서 사회 공헌 활동을 다른 영역으로 옮기고 일자리 정책에 집중했기 때문이다.[60] 노인에게 적절하고 다양한 일자리를 만들고자 공공 노인 일자리 확충, 민간 일자리 발굴, 시니어클럽 및 사회적기업 확대, 도농 일자리 교류 사업 지원 등이 주요 세부 과제로 추진됐다.

하지만 2015년까지 맞춤형 일자리 영역의 세부 과제 추진 실적은 대체로 저조했다. 공공 노인 일자리 확충은 목표했던 4만 1,000명을 웃도는 4만 4,405명을 달성했지만, 민간 일자리 발굴은 3,140개에 그쳐 목표치인 2만 2,000개에 한참을 못 미쳤다. 사회적기업 확대의 시장형 일자리와 도농 일자리 교류 사업 지원도 달성률이 각각 11.6퍼센트와 14.6퍼센트에 불과했다.

그래서인지 맞춤형 일자리 영역의 체감도는 매우 낮았다. 2012년과 2014년 서울 노인실태조사 결과 전체 영역의 고령친화 체감도 평균 점수는 각각 67.3점과 67점이었는데, 맞춤형 일자리 영역은 각각 53.6점과 53.5점으로 모든 영역 중 가장 낮았다. 특히 취업 교육 기회, 취업 및 창업 정보, 퇴직 전후 재취업 교육 제공은 50점보다 낮

맞춤형 일자리 영역의 체감도 조사 내용

주요 질문
Q 우리 동네에는 노인을 대상으로 한 취업 교육 기회가 많다.
Q 우리 동네에서는 취업이나 창업에 대한 정보를 쉽게 얻을 수 있다.
Q 우리 동네는 자원봉사에 참여할 수 있는 기회가 많다.

은 점수를 기록했다. 일자리는 서울 노인들의 욕구가 가장 높고 노후 안정감과 자존감을 높이는 효과도 크다. 하지만 그만큼 질 좋은 일자리를 대폭 늘리는 건 결코 쉽지 않은 과제였다.

건강한 노후, 의료 사각지대를 줄이다

'건강한 노후'는 노인을 위한 지역 보건의료시설과 서비스 확충이 중요한 과제인데, 서울시 실행계획은 서비스 사각지대 해소에 집중했다. 서울은 동네마다 노인들이 걸어갈 수 있는 거리에 공공과 민간의 보건의료시설이 충분히 있고, 공공보건 서비스도 보편적으로 제공되고 있어 서울 노인들의 체감도가 이미 높은 편이었다. 반면, 노인 단독 가구가 급증하면서 정보와 경제력 부족으로 이미 갖춰진 시설과 서비스도 제대로 이용하지 못하는 노인이 늘고 있었다. 서울시는 이런 사각지대를 해소하기 위해 혼자 살거나 경제적 형편이 어려운 노인에게 의료 및 돌봄 서비스 지원을 강화하고, 사회적 고립에 따른 자살 예방 대책을 시행했다.

2015년까지 건강한 노후 영역의 추진 실적은 모든 영역을 통틀어 가장 높은 수준이었다. 각종 서비스의 중복과 누락에 따른 사각지대 발생을 방지하기 위해 돌봄 서비스 통합 관리 전산 시스템을 구축했다. 이를 통해 공공자원 외에도 필요에 맞는 민간자원을 제공받은 누적 대상자가 총 6만 4,910명으로 목표치인 5만 명을 웃돌았다. 홀몸노인 건강 기능 강화를 위한 운동치료 서비스, 저소득층 장기요양 돌봄 서비스 본인부담금 지원, 노인 자살 예방을 위한 게이트키퍼 양성과 홀몸노인 마음건강평가(우울증 검사) 등 모든 세부 과제가 목표치를 크게 넘어서는 실적을 보였다.[61]

건강한 노후 영역의 고령친화 체감도는 2012년과 2014년 각각 71.1점과 71.5점으로 전체 평균보다 4점 이상 높았다. 서울시 실행계획이 충실하게 추진되었음에도 체감도가 거의 그대로인 점이 의아할 수 있지만, 실행계획 추진 이전부터 체감도가 높았거니와 사각지대 해소 효과를 전체 노인이 체감하기는 어렵기도 하다. 서울시는 이 영

건강한 노후 영역의 체감도 조사 내용

주요 질문
Q 건강관리를 위한 프로그램이나 정보가 충분히 제공된다.
Q 보건소와 복지관의 시설은 노인이 이용하기에 안전하고 편리하게 설계되어 있다.
Q 나는 경제적인 이유로 치료를 받지 못한 경우가 있다.

역의 사업 추진으로 기존 노인복지정책 대상인 기초생활수급자가 아니어서 서비스에서 소외될 여지가 있는 홀몸노인과 차상위계층 노인을 파악하고, 이들에게 서비스를 효과적으로 제공할 수 있는 시스템을 갖춰 노인 의료 및 돌봄 서비스의 빈틈을 메워 사각지대를 한층 줄였다고 평가한다.[62]

살기 편한 환경, 노인에게 맞춤한 세심한 개선이 우선

'살기 편한 환경'은 주택, 외부 환경, 노인시설, 교통 등 고령친화적인 물리적 환경을 전체적으로 다루는 영역이다. 서울은 대중교통이 발달했고 노인들에게 지하철 무임승차 제도를 시행하고 있어 교통 분야의 고령친화 체감도는 예전부터 매우 높은 편이었다. 서울시는 서울 시민 전체를 위해 보행 환경 개선, 무장애 디자인 적용, 녹지 확보 등의 도시계획 사업도 꾸준히 펼쳐 왔다. 서울시 고령친화도시 실행계획은 이처럼 이미 좋은 성과를 거두고 있는 도시계획 사업들을 제외하였다. 그리고 '살기 편한 환경'의 세부 과제를 노인복지시설 확충과 개선, 고령친화주택 공급에 집중해서 설정했다.

2015년까지 살기 편한 환경 영역의 추진 실적을 살펴보면, 노인복지시설 확충은 양호한 반면, 고령친화주택 공급은 다소 미흡했다. 노인복지시설 확충은 인증 데이케어센터 200개소, 노인요양시설

살기 편한 환경 영역의 체감도 조사 내용

주요 질문
Q 집 주변에서 자주 이용하는 인도는 턱과 장애물이 없어 걸어 다니기에 편리하다.
Q 현재 살고 있는 집은 안전하여 개조하지 않아도 된다.
Q 현재 생활비 중 관리비, 임대료 등 주택 관련 비용이 부담된다.

494개소, 소규모 노인복지센터 70개소가 목표였는데 각각 219개소, 548개소, 50개소를 만들었다. 소규모 노인복지센터만 목표에 약간 미달한 정도다. 반면, 고령친화주택은 노인전용 임대주택 2,263세대, 홀몸노인 지원주택(그룹홈) 20개소 공급이 목표였는데 각각 1,468세대와 26개소를 지었다. 주력 사업인 노인전용 임대주택 공급 달성률이 65퍼센트 정도에 그쳤다.

살기 편한 환경의 고령친화 체감도는 이런 추진 실적과 다소 상반되게 나왔다. 노인복지시설 확충 실적이 좋은 '외부 환경과 시설' 분야는 체감도가 73.7점에서 69.4점으로 낮아졌고, 고령친화주택 공급 실적이 다소 미흡한 '주거 환경 안정성 분야'는 체감도가 63.6점에서 67.5점으로 높아진 것이다. 서울시는 이 결과를 두고 양적 확충만으로는 더 이상 고령친화 체감도가 높아지기 어렵고, 고령친화주택 공급 체감도가 70점을 넘지 못하는 현실이 더 중요하다고 진단했다.[63] 고령친화도시의 핵심 가치인 '살던 곳에서 늙어 가기'가 실현되려면 도시 환경을 노인도 살기 편하도록 질적으로 개선하는 것이 중요한데, 서울시의 이런 노력이 부족했다는 것이다.

활기찬 여가문화, 노인 욕구에 맞는 정책 개발해야

'활기찬 여가문화'는 노인의 다양한 사회참여 활동을 지원하는 영역으로 고령친화도시의 핵심 가치인 '활기찬 노년'과 밀접한 관련이 있다. 서울시는 노인복지관, 노인교실, 경로당 등 다양한 여가시설이 이미 확충되어 있고, 오래전부터 민간기관들이 여가문화 프로그램을 운영하고 있어 기반이 탄탄하다고 할 수 있다. 하지만 서울시 실행계획을 추진하기 이전인 2012년 체감도 조사에서 이 분야 점수가 65.8점으로 그리 높지 않았다는 점에서 서울시는 기존 시설과 프로그램이 노인들의 실제 욕구와 부합하지 못했던 것으로 짐작했다. 이에 따라 서울시 실행계획은 변화하는 노인의 욕구에 부응하는 것을 목표로 노인이 주도하는 새로운 프로그램 창출, 경로당 쇄신을 골자로 한 지역사회 중심 여가문화 활성화를 세부 과제로 설정했다.

2015년까지 활기찬 여가문화 영역의 추진 실적은 모든 세부 과제에 걸쳐 대체로 준수했다. 노인이 주도하는 새로운 프로그램 창출 분야에서는 노인문화 활성화 공모 사업, 서울 노인영화제, 노인아카데미, 실버영화관 등 모든 사업 실적이 목표치를 초과 달성했다. 지역사회 중심의 여가문화 활성화 분야도 지역별 협의체 구성, 코디네이터 육성, 특화 프로그램 지원 등 모든 사업이 목표치를 너끈히 넘겼다. 하지만 이 영역도 '살기 편한 환경'과 마찬가지로 정량적인 실적

활기찬 여가문화 영역의 체감도 조사 내용

주요 질문
Q 노인을 위한 각종 행사나 볼거리 장소는 쉽게 찾아갈 수 있는 곳에 위치해 있다.
Q 지역행사에 대한 정보를 쉽게 얻을 수 있다.
Q 종교, 문화, 취미, 여가 등의 다양한 사회 활동에 참여할 수 있는 기회가 많다.

달성과 별개로 질적 개선도 충분했는지가 관건이었다. 노인 주도의 새로운 프로그램 창출은 노인문화 활성화 공모 사업을 제외하고는 대부분 2009년부터 해오던 기존 사업을 지속 운영한 것들이었다. 경로당 쇄신 사업들도 기존 경로당 운영 주체, 지원 인력, 특화 프로그램과 질적으로 확실하게 차별화를 이뤘다고 말하기 어려웠다.

그 결과 활기찬 여가문화 영역의 고령친화 체감도는 2014년 62.5점으로 3점가량 낮아졌다. 시설과 프로그램은 풍부하되 서울 노인의 실제 욕구에는 제대로 부합하지 못한다는 문제인식에서 출발했지만, 고령친화도시 실행계획의 세부 과제 역시 기존 사업을 크게 벗어나지 못한 것이 가장 큰 원인으로 보인다. 서울시 역시 정책적 노력에도 불구하고 체감도가 낮아진 원인 파악과 서울 노인의 여가 활동 욕구에 부합하는 적극적인 정책 개발이 필요하다고 진단했다.[64]

존중과 세대 통합, 폭넓고 장기적으로 노력해야 할 일

마지막으로 '존중과 세대 통합'은 세대 간 갈등 해소와 노인이 존중받는 사회적 분위기 조성을 위한 영역이다. 우리나라는 세대 갈등, 노인 복지 부담에 대한 사회적 불만이 큰 편이어서 이 영역의 중요성이 한층 더 높다고 할 수 있다. 서울시 실행계획은 노인의 사회 공헌 활동 촉진과 이에 대한 사회적 인정으로 노인 존중 문화를 확산하는 것, 문화 행사와 주거 공유를 통해 노인과 손자손녀 세대의 소통을 지원하는 것을 이 영역의 세부 과제로 설정했다.

2015년까지 존중과 세대 통합 영역의 추진 실적은 대체로 양호했다. 노인의 지역사회 공헌 활동을 지원하는 복지공동체 사업은 목표 대비 78퍼센트를 진행했다. 세대 간 소통을 지원하는 세대공감 토크 콘서트는 목표치의 6배인 12회를 개최했고, 홀몸노인과 대학생 주거공유 지원 사업도 노인 60명, 대학생 79명을 지원해 목표치의 2배를 넘겼다. 하지만 존중과 세대 통합은 사회 전반의 인식과 문화를 변화시키는 중대한 과제인 것에 비해, 애초부터 세부 사업과 목표치가 소소하게 설정된 면이 없지 않다. 서울시도 이 영역은 사회적 인식 개선이라는 추상적인 성격이 강한 탓에 실효성 있는 실행 과제를 설정하기 어려웠고, 이 때문에 시상, 공모, 행사, 시범 사업 등 이벤트 중심으로 추진된 측면이 있다고 진단했다.

존중과 세대 통합 영역의 체감도 조사 내용

주요 질문
Q 서울 시청, 구청, 주민자치센터, 보건소에서 만나는 공무원들은 친절하다.
Q 행사나 각종 프로그램은 젊은 층과 노년층이 함께 참여할 수 있다.
Q 노인은 사회적으로 존중받는다고 생각한다.

그래서 이 영역의 추진 목표 달성은 어렵지 않았지만, 고령친화 체감도는 64.5점에서 66.1점으로 증가 폭이 미미했고, 여전히 전체 영역 중 하위권에 머물렀다. 서울시의 노력이 획기적이고 전폭적이지 못한 한계도 있었지만, 사회문화적인 인식 개선은 장기적인 관점에서 지켜볼 필요도 있다.

이제는 섬세하게 효과적으로 노력할 때

2010년 이후 서울시는 고령친화도시를 조성하려는 다양한 노력을 기울여 왔다. 이런 노력이 시작되기 전인 2008년에 비하면[65] 서울 노인의 고령친화 체감도는 10점가량 높아졌지만, 2014년 체감도 평균 점수는 67점으로 보통을 조금 웃도는 수준이다. 맞춤형 일자리 영역은 50점을 겨우 넘었고, 살기 편한 환경과 활기찬 여가문화 영역은 체감도가 더 낮아졌다. 하지만 정책 추진에 따른 환경 변화의 체감도

2012년, 2014년 서울시 노인실태조사 결과

서울시 고령친화 도시 6대 영역	세계보건기구 가이드 8대 영역	공통 문항 수	고령친화 체감도 점수 100점 만점 환산 값		점수 변화 (B-A)
			2012년(A)	2014년(B)	
살기 편한 환경	❶ 외부 환경과 시설	5문항	73.7	69.4	-4.3
	❷ 교통수단 편의성	7문항	74.0	73.4	-0.6
	❸ 주거 환경 안정성	3문항	63.6	67.5	3.9
활기찬 여가문화	❹ 여가와 사회 활동	4문항	65.8	62.5	-3.3
맞춤형 일자리	❺ 인적 자원의 활용	5문항	53.6	53.5	-0.1
존중과 세대 통합	❻ 존중과 사회통합	5문항	64.5	66.1	1.6
	❼ 의사소통과 정보	3문항	68.2	69.5	1.6
건강한 노후	❽ 건강과 지역 돌봄	5문항	71.1	71.5	0.4
총합 및 평균값		총 37문항	67.3	67.0	-0.3

자료: 서울시·서울시복지재단, 2016, 2016년 노인실태조사 - 서울시 노인복지이슈 중심.

는 단기간에 높아지기 어렵고, 2014년 조사는 1기 실행계획 추진이 끝나기 전에 이뤄진 중간 점검에 가까워 이것만으로 서울시의 고령친화도시 조성 노력이 부족했다고 말하긴 어렵다.

하지만 서울시 스스로 1기 실행계획 추진 실적을 평가한 대목들은 앞으로 무엇을 개선해야 하는지 정확하게 짚고 있다. 첫째는 정책목표의 초점을 양적 확충보다 질적 개선에 맞춰야 한다는 것이다. 거의 모든 영역에서 세부 사업의 실적 달성률이 높은 것만으로는 체감도가 곧장 향상되지 않는다는 점이 확인되었다. 살기 편한 환경, 활기찬 여가문화 영역은 이미 어느 정도 양적 기반이 갖춰진 분야에서 계속 양적 확충에만 노력했을 때 오히려 체감도가 낮아지기도 했다.

둘째는 서울 노인의 욕구를 정확하게 파악하고 이에 부합하는 섬세한 정책 개발이 필요하다는 것이다. 맞춤형 일자리 영역은 공공일자리 확충만으로는 질 좋은 일자리에 대한 서울 노인들의 욕구가 충족되지 않음을 보여 준다. 활기찬 여가문화, 존중과 세대 통합 영역은 노인들의 새로운 욕구와 동떨어진 기존 사업을 지속하는 것으로는 체감도가 높아지지 않는다는 점을 시사한다. 앞으로 서울시의 과제는 지금보다 더욱 노력하는 것이 아니라, 효과적으로 노력하는 것이다.

2012년, 2014년 서울시 고령친화 체감도 변화

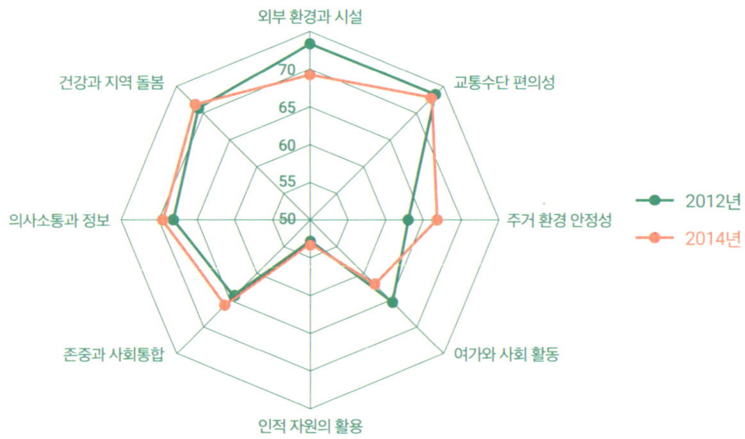

자료: 서울시·서울시복지재단, 2016,
2016년 노인실태조사 - 서울시 노인복지이슈 중심, 5쪽.

고령친화도시의 열쇠는 **지역사회**

앞서 살펴본 것처럼, 서울시를 고령친화도시로 만들기 위한 핵심 과제는 질적 개선에 초점을 맞춘 섬세한 정책 개발과 집행이다. 이 과제를 해결하는 열쇠 중 하나는 서울이라는 거대 도시를 지역사회라는 작은 단위로 나눠서 접근하는 것이다. 서울을 하나의 도시로 뭉뚱그려 접근하면 지역별 노인 현황의 차이를 놓쳐 맞춤형 정책을 제공하기 어렵다. 무엇보다 노인의 일상생활이 이뤄지는 장소, 다시 말해 계속 늙어가고픈 '살던 곳'이란 집 주변 동네를 의미하기 때문에 지역사회에 더욱 주목할 필요가 있다.

●

자치구마다 다른 현실 들여다보기

서울시 전체 고령화율은 2018년 14.4퍼센트로 고령사회 기준을 넘었지만, 모든 자치구와 행정동이 일률적으로 그런 것은 아니다. 다음은 2018년 인구 통계를 바탕으로 작성한 서울시 행정동별 고령화율 지도다. 가장 연한 색은 고령화율 7퍼센트 미만인 젊은 지역으로, 서울의 신도시 격인 위례동이 유일하다. 다음으로 진한 색은 고령화율이 7퍼센트 이상 14퍼센트 미만의 고령화사회 단계인 지역으로 서울

2018년 서울시 행정동별 고령화율(단위: 퍼센트)

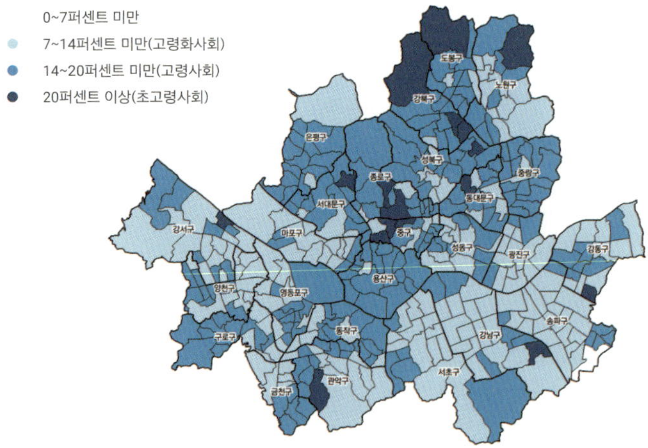

자료: 서울통계, 2018, 서울시 주민등록인구(동별).

시 평균보다는 젊은 지역이다. 서초, 강남, 송파 등 소위 강남 3구, 강서, 은평, 노원 등 젊은 부부를 위한 중소평형 아파트 단지가 밀집한 외곽 자치구, 그외 마포, 성동, 광진 등과 같이 젊은 층의 문화상업 중심지역에 밀집한 것을 볼 수 있다. 이에 반해 가장 진한 색깔이 칠해진 동은 고령화율 20퍼센트 이상으로 이미 초고령사회로 진입한 지역인데, 도심권과 동북 4구에 집중된 것을 볼 수 있다. 이처럼 서울 안에서도 고령화율은 자치구와 행정동마다 차이가 크다.

서울은 자치구마다 노인인구 비율도 다르지만, 거주하는 노인의 건강 수준도 차이가 있다.[66] 노인성 질환별로 유병률이 가장 높은 자치구와 낮은 자치구를 살펴보면, 고혈압은 서초구(11.9퍼센트)에 비해 강북구(17.8퍼센트)가 5.8퍼센트포인트 높다.[67] 당뇨병은 강남구(4.1퍼센트)와 중랑구(7.3퍼센트)가, 관절염은 서초구(3.7퍼센트)와 강북구(8.6퍼센트)가, 우울감은 성동구(6.7퍼센트)와 동작구(13.9퍼센트)가 두 배 안팎의 차이가 난다.[68] 건강관리도 노인들의 하루 30분 걷기 실천율은 송파구(65.1퍼센트)와 노원구(43.1퍼센트)가 15~20퍼센트포인트 차이가 나고, 본인이 건강하다고 생각하는 노인의 비율은 용산구(34.9퍼센트)와 금천구(20.1퍼센트)가 15~20퍼센트포인트 차이가 난다.[69]

노인 관련 시설도 자치구별로 차이가 있다. 대표적인 노인시설인 노인복지관[70]은 1제곱미터당 노인 수가 관악구, 노원구, 동대문구는 20명이 넘는 데 반해 종로구는 2.7명, 서초구는 6.2명으로 자치구마다 차이가 크다.[71] 의료시설도 마찬가지다. 수용할 수 있는 환자 규모를 나타내는 인구 천 명당 병상(bed) 수가 종로구는 20.2개인 데 반해 마포구는 1.5개로 최대 13배까지 차이가 난다.[72] 자치구마다 지리적 여건, 노인인구 수, 관련 예산 규모가 다르고, 노인들의 인근 복지·의료시설 이용 의사와 선호도도 다르기 때문에 시설 규모만 갖고서 공급이 충분한지 판단하기는 어렵다. 하지만 중요한 점은 자치구의 이런 여건과 다양한 차이를 감안해서 섬세하게 고령친화 정책을 펼칠 때 정책 효과와 체감도가 높아진다는 것이다.

노인의 일상생활 장소는 동네

늙으면 번잡한 도시를 떠나 한가로운 전원에서 자연을 벗 삼아 살고 싶다는 말은 사실일까? 2017년 전국 노인실태조사에 따르면, 서울 노인의 83.6퍼센트는 건강이 괜찮다면 현재 살고 있는 집에서 계속 살기를 희망한다. 거동이 불편해져도, 재가 서비스를 받으며 현재 살고 있는 집에서 계속 살기를 희망하는 노인이 56.4퍼센트나 된다.

서울 노인이 살던 곳에서 계속 늙어 가길 원하는 가장 큰 이유는 일상생활 대부분이 동네에서 이뤄지기 때문이다. 사는 곳, 일하는 곳, 노는 곳이 제각각 떨어져 있는 젊은 사람들과는 전혀 다르다. 2016년 서울 노인실태조사에 따르면 서울 노인은 일과 중 7.2시간을 여가에 쓰고, 그중 절반이 넘는 3.8시간을 집에서 TV 시청에 사용한다.

활동 장소별로는 집 안이 16.3시간, 집 주변이 2.4시간, 집 외부가 5.2시간으로 하루 중 동네에 머무르는 시간이 20시간에 가깝다.

인간관계도 동네 이웃이 절대적이다. 서울 노인이 같이 살거나 지속해서 연락하고 만나는 사람은 자녀, 배우자 등 가족이 95.6퍼센트로 1위다. 91.0퍼센트로 1위에 육박하는 2위가 바로 이웃이다. 지속해서 왕래하는 평균 인원수는 이웃이 6명으로 가족보다 더 많았다. 노인은 이웃과 거의 매일 또는 주 1~2회 연락할 정도로 가까이 지내고 나이가 많은 노인일수록 이웃에 더 많이 의지하고 있었다.[73] 하지만 노인에게 이웃이 혈연만큼 강력한 지지가 되어 주지는 못한다. 정서적인 측면에서 여전히 이웃보다는 가족을 더 의지하고 도움을 받는다고 생각한다.

이처럼 노후생활의 질은 동네의 물리적·사회적 환경에 좌우된다고 해도 과언이 아니다. 그런데 서울은 노인 관련 현황이 동네마다 차이가 크다. 고령친화도시의 모든 영역이 서울 전체 평균으로 높은 수준이 되어도, 노인이 실제 생활하는 동네가 그런 환경을 갖추지 못하면 체감도는 높아지기 어렵다. 지역사회가 고령친화적으로 변해야, 비로소 서울은 고령친화도시가 될 수 있다.

3부

우리 동네 노인은 어떻게 살고 있는가

우리는 **노인을 모른다**

살던 동네에서 이웃과 함께 늙어 가기

노인들이 살던 곳에서 계속 살기를 희망하는 이유는 간단하다. 양로원, 요양병원, 실버타운 등 노인을 위한 특별한 시설은 아무리 환경과 서비스가 좋더라도 집이 아니기 때문이다. 노인에게 살던 집은 오랜 시간 자기만의 생활 방식에 맞춰 공간과 물건을 최적화한 곳이다. 그만큼 익숙하고 안정감이 든다. 노인시설보다 낡고 불편할 수 있지만, 신체 기능이 약해진 상태에서도 마음 편히 많은 것을 스스로 해내며 존엄하게 생활할 수 있는 보금자리다. 삶의 주도권과 자율성은 늙었다고 해서 쉽게 포기할 수 있는 게 아니다.

노인에게 살던 곳은 집만 의미하지는 않는다. 집을 둘러싼 동네와 이웃을 포함하지 않으면 살던 집에서 계속 살고 싶은 욕구는 고립으로 이어지기 쉽다. 대문 밖을 나와 이웃과 인사를 나누고, 경로당과 공원을 오가고, 단골 가게에서 장을 보고, 동네에 도움을 주는 일거리와 자원봉사에도 참여하며 일상을 보낼 때 비로소 활기찬 노년은 가능해진다. 세계보건기구의 고령친화도시 가이드가 추구하는 '살던 곳에서 늙어 가기'에서 살던 곳은, "노인의 일상생활을 이루던 기존의 물리적, 심리적, 인적 네트워크를 유지할 수 있는 범위"[74]로 이해하는 것이 바람직하다.

노인의 일상생활을 잘 모르는 이유

하지만 안타깝게도 우리 사회는 노인의 이런 실제 동네 생활을 잘 알지 못한다. 그 이유는 여러 가지이다. 첫째는 청장년층과 노인층의 생활 패턴이 너무 달라 서로 접촉할 기회가 부족하기 때문이다. 2014년 생활시간조사에 따르면 25~64세 성인은 직장에서 평균 4시간 이상을 보내지만, 65세 이상은 1시간 26분에 불과하다. 반면, 하루 중 집에서 TV를 보는 시간은 25~64세가 2시간 안팎이지만, 65세 이상은 3시간 48분으로 2배에 가깝다. 세대별 핫 플레이스도 젊은 층은 홍대, 강남, 이태원이며, 노인층은 탑골공원, 종묘, 경동시장으로 서로 분리되어 있다.

둘째는 사회적 시선도 노인들의 일상적인 동네 생활에는 관심이 적기 때문이다. 고령화 추세에 따라 국내 언론들도 노인 이슈를 적극 다루기 시작한 지 오래다. 하지만 대부분의 뉴스는 노령연금, 태극기 집회, 500원 순례길, 고독사처럼 크고 강력한 사회 문제와 갈등에 집중할 뿐이고 노인들의 소소한 일상을 다룬 기사는 찾기 어렵다. 동네 생활일 경우라도 폐지수거, 공공근로, 홀몸노인 등 사회적 문제 위주로 접근한다.

셋째는 노인 관련 각종 통계조사 범위가 지역사회보다 훨씬 크기 때문이다. 인구 통계와 건강보험자료 정도를 제외하고, 2부에서 언급한 전국 노인실태조사나 서울 노인실태조사 등 대부분의 노인 관련 통계는 서울시 전체, 더 작아 봐야 자치구 정도로 구분된 결과를 제공한다. 이런 통계조사는 성별, 소득, 가구 유형 등 인구사회학적 기준에 따른 서울 노인의 특성과 차이를 보여 줄 수 있지만, 그들이 실제 생활하는 특정 지역의 물리적·사회적 환경과 결부된 구체적인 정보는 확인하기 어렵다. 서울시도 2015년에 고령친화도시 2기 실행계획을 수립하면서 자치구 단위의 세분화된 접근법을 강조하기 시작했고, 이보다 작은 지역사회 중심의 세부 과제 도입을 검토하는 실정이다.[75]

따라서 살던 곳에서 늙어 가기를 돕는 고령친화도시 정책을 세우려면, 노인들이 동네에서 어떻게 생활하는지부터 알아야 한다. 언론이나 통계조사가 사회 전반을 다룬다면, 연구나 정책 영역에서라도 동네라는 현장에 직접 들어가 노인들을 만나고 생활을 관찰하는 심층조사가 필요하다. 3부에서는 2017년 8월 초, 서울의 하루 최고 기온이 섭씨 33도를 넘어 연일 폭염주의보가 발령되던 2주일 동안 광진구 자양4동과 강동구 천호3동에서 노인의 일상을 관찰한 결과를 소개한다. 두 곳의 시범적인 조사가 서울의 모든 동네를 대변할 수는 없겠지만, 서울 노인의 동네 생활을 생생하고 깊게 들여다보는 기회가 되었으면 한다.

노인에게 살던 곳은 집만 의미하지는 않는다.
대문 밖을 나와 이웃과 인사를 나누고,
경로당과 공원을 오가고, 단골 가게에서 장을 보고,
동네에 도움을 주는 일거리와 자원봉사에도 참여하며
일상을 보낼 때 비로소 활기찬 노년은 가능해진다.

동네 생활 촘촘히 들여다보기

어느 동네를 살펴볼 것인가

서울의 424개 행정동에서 광진구 자양4동과 강동구 천호3동을 조사 대상지로 선정한 이유는 크게 세 가지다. 첫째, 2017년 인구통계 기준으로 고령화율이 14퍼센트를 넘어 노인인구가 많고, 이에 따라 노인시설도 많은 곳이다. 자양4동에는 노인특화형 보건지소인 자양공공힐링센터와 여덟 곳의 경로당이 있고, 천호3동에는 강동종합사회복지관과 아홉 곳의 경로당이 있다.

둘째, 단독주택, 아파트, 상업시설이 골고루 섞여 있어 동네 안에서 일상생활이 충분히 가능하고, 거주민의 계층도 다양한 곳이다. 단독다세대주택과 아파트 비율은 자양4동이 6대 4, 천호3동이 4대 6 정도다. 상업지역은 자양4동에는 건대 로데오거리와 노룬산 재래시장이, 천호3동에는 천호 로데오거리와 천호신시장과 고분다리시장이 있다. 두 곳 모두 행정동 경계에 지하철역이 있어 무료승차할 수 있는 노인들에게 대중교통 편의성도 높은 편이다.

셋째, 지역공동체 활동이 활발하고 노인 관련 민관 단체로부터 현장조사에 필요한 협조를 구할 수 있는 곳이다. 자양4동은 광진주민연대가 오래전부터 노인을 위한 지역 활동을 해 왔고, 동주민센터와 자양공공힐링센터가 많이 협조해 주었다. 천호3동은 서울시 정책으로 주민들이 동 단위 마을계획을 수립 중이었고, 동주민센터와 강동종합사회복지관이 현장조사에 많은 도움을 주었다. 이런 주민공동체 활동과 민관 단체들은 현장조사 결과를 바탕으로 고령친화 지역사회 정책을 모색할 때도 실행 주체를 상정하는 데 중요한 참조가 되었다.

직접 만나서 묻고 확인하기

사람의 일상생활을 구성하는 기본 요소는 무엇일까? 학자마다 대답이 다르겠지만, 공통으로 빠지지 않는 것이 장소(environment), 활동(activity), 사람(community)이다. 어디서 누구와 무엇을 하느냐로 일상생활은 대부분 설명이 가능하다는 것이다. 노인도 마찬가지다. 노인이 생활하는 지역 환경은 어떠하고, 주로 이용하는 시설은 무엇인지, 노인들은 동네에서 어떤 활동을 하고 있고, 앞으로는 어떤 활동을 할 수 있기를 원하는지, 노인들이 일상적으로 교류하거나 어려울 때 의지하는 사람은 누구인지를 조사했다.

현장조사는 노인들을 직접 면담하고 설문하는 방식으로 이뤄졌다. 동주민센터와 관계 기관의 도움으로 다양한 곳에서 노인들을 만

자양4동 주요 근린시설 현황

날 수 있었다. 그중 경로당은 노인들을 가장 많이, 쉽게 만날 수 있는 곳이었지만, 경로당을 이용하지 않는 노인들이 실제보다 적게 조사될 우려가 있어 경로당 노인이 조사 대상자의 절반이 넘지 않도록 했다.[76] 그 외에는 강동종합사회복지관 점심 급식당, 자양공공힐링센터 요가교실, 동부여성발전센터 수영장, 공원 정자 등 다양한 장소에서 노인들을 만나고 조사를 부탁했다. 현장에서 만난 노인들은 우리가 갖고 있던 선입견과 달랐고, 또 다양했다. 이번 현장조사는 우리가 그동안 노인들을 얼마나 획일적이고 전형적인 모습으로만 생각했는지 되돌아보는 좋은 기회이기도 했다.

천호3동 주요 근린시설 현황

면담조사는 자양4동 29명, 천호3동 30명 등 총 59명의 노인을 대상으로 평소 자주 가는 근린시설의 종류, 빈도, 방문 및 체류 시간 등 이용 행태와 함께 주로 이용하는 보행 경로를 인터뷰했다. 노인들의 실제 일상생활권은 무엇으로 구성되고, 이동 거리는 어디까지인지 확인하고자 한 것이다.

설문조사는 2개 동에서 총 286명[77]의 노인을 대상으로 건강 상태, 경제적 형편, 사회적 관계 등 생활 실태를 주로 조사했다. 고령친화도시 가이드를 바탕으로 살던 동네에서 계속 살고 싶은지, 8대 영역별로 지역 환경에 대한 만족도와 개선 요구는 무엇인지도 함께 조사했다. 설문에 참여한 노인들은 평균적으로 나이는 74.7세, 거주 기간은 30년 이상, 가구원 수는 본인 포함 2.3명이었다.

노인의 **일상을** 따라 걷다

노인의 하루는 어떻게 구성되어 있는가

첫 번째 분석은 자양4동과 천호3동 노인들의 일상생활권을 구체적으로 확인하는 것이다. 일상생활권은 '경로당, 슈퍼마켓, 병원, 관공서 등 노인들이 평소 자주 들르고 오래 머무르는 근린시설들로 이뤄진 공간 범위'로 정의했다. 근린시설의 종류는 선행 연구들을 참고해서 노인들이 자주 이용하는 10개 영역의 35개 시설을 추려 냈다. 이 가운데 주 1회 이상 방문하는 시설의 종류, 위치, 방문 목적과 횟수, 체류 시간, 이동 시간 등을 인터뷰로 조사했다. 조사 결과는 미국 보행연구 권위자인 무동 교수팀의 논문[78]을 참고해서, 노인이 사는 집

노인들이 주로 이용하는 근린시설 유형

영역	시설
복지시설	① 경로당
	② 노인교실/노인대학
	③ 사회복지관(노인/종합)
의료시설	① 약국
	② 의원(치과, 한의원 포함)
	③ 병원
	④ 종합병원
	⑤ 보건소
교육시설	① 평생교육원
문화체육시설	① 문화시설(문화센터, 기원)
	② 도서관
	③ 공원
	④ 체육시설(요가, 수영, 콜라텍)
	⑤ 등산
	⑥ 기타 야외 공간(자투리 공간)
공공시설	① 관공서(구청, 동주민센터)
	② 우체국
	③ 파출소

영역	시설
상업시설	① 재래시장
	② 대형마트
	③ 금융기관(은행/ATM)
	④ 슈퍼(신선식품/편의점)
	⑤ 식당
	⑥ 미용실/이용원
	⑦ 옷가게
	⑧ 목욕탕(찜질방)
종교시설	① 교회
	② 성당
	③ 사찰
직장/사회참여	① 직장(사무실, 근로장소), 자원봉사
교통/기타	① 버스정류장
	② 지하철역
지인의 집	① 가족의 집
	② 친척의 집
	③ 이웃집

을 중심으로 주요 근린시설의 이용 양상을 한눈에 볼 수 있는 개념도로 표현했다. 일상생활권을 이루는 근린시설을 한눈에 보고 비교할 수 있도록 한 것이다.

노인들이 가장 자주 가는 곳은 단연 경로당이었다. 근린시설의 방문 횟수 분석 결과, 자양4동은 26명(44.8퍼센트)의 노인이 주 5.4회

집과 목적지 사이의 평균 직선 거리(단위: feet)

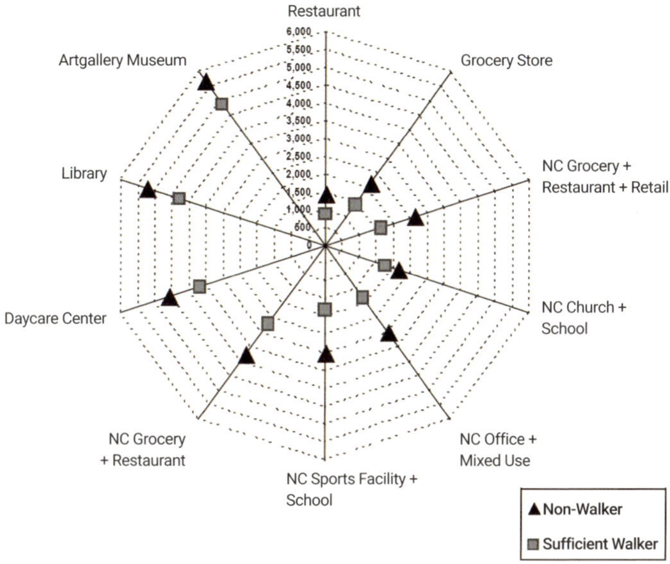

자료: Moudon et al., 2006, 108쪽.

로, 천호3동은 27명(43.3퍼센트)의 노인이 주 6.1회로 거의 매일 경로당을 가고 있었다. 공원, 직장이나 사회참여 장소, 한 동네에 사는 가족이나 친척 집도 주 4회 이상 자주 들르는 곳이었다. 지역 공공시설 이용도 매우 활발했다. 자양4동 노인들은 헬스장, 수영장, 요가교실 등을 이용할 수 있는 자양공공힐링센터와 동부여성발전센터를 주 3회 이상 방문했다. 천호3동 노인들은 강동종합사회복지관을 주 4.1회 방문했다. 자양4동에서는 노룬산 재래시장과 슈퍼마켓을, 천호3동에서는 은행을 주 4회 이상 방문하는 것으로 나타나 노인들의 동네 안 경제생활도 활발하다는 것을 알 수 있었다.

노인들이 가장 오래 머무르는 곳도 경로당이었다. 근린시설의 회당 체류 시간을 분석한 결과, 자양4동 노인들은 5.2시간, 천호3동 노인들은 6.1시간으로 낮 시간 대부분을 경로당에서 보냈다. 2시간 이상 머무르는 곳은 직장과 사회참여 장소, 체육시설로, 이곳에서 일과 운동에 시간을 쓰는 것으로 볼 수 있다. 한 노인이 경로당에 이토록 오랜 시간을 머무르면서, 동시에 직장 생활과 문화여가 활동을 하는 것은 불가능하다. 조사 결과에서도 아직 사회 활동이 왕성해서 직장과 사회참여 장소에서 시간을 보내는 노인과 경로당에서 주로 시간

주요 방문 시설과 주당 방문 횟수

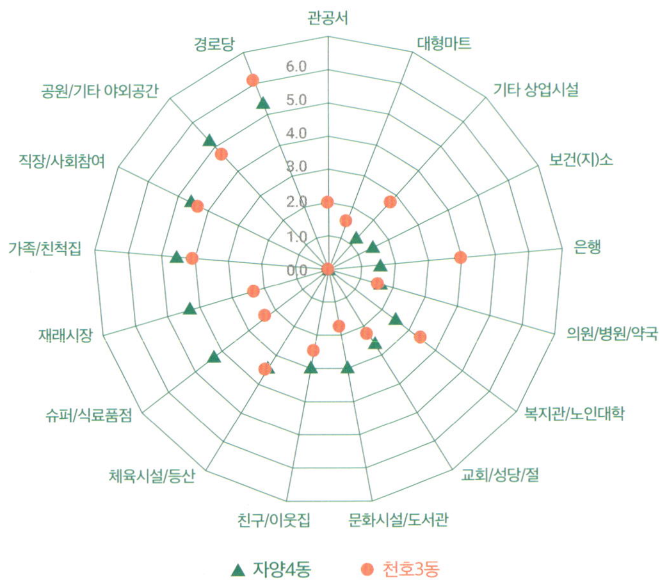

을 보내는 노인이 뚜렷하게 구분이 되었다. 그밖에 오래 머무르는 곳으로는, 자양4동 노인은 동네 친구와 이웃집이, 천호3동 노인은 종교시설이 평균 3시간 이상이었다. 노인들에게 이웃이나 교인이 사회적 관계의 한 축이라는 점을 짐작할 수 있다.

노인들이 방문하는 여러 근린시설은 걸어서 10분, 15분, 20분 등 세 가지 기준에 따라 묶을 수 있었다. 근린시설별 보행 이동 시간 분석 결과, 경로당, 슈퍼마켓, 식당, 미용실, 친구와 이웃집, 대형마트 등 자주 방문하는 곳들은 주로 걸어서 10분 이내 거리에 있었다. 병원, 약국, 문화시설, 공원, 재래시장과 복지관 등 자주 가지는 않더라도

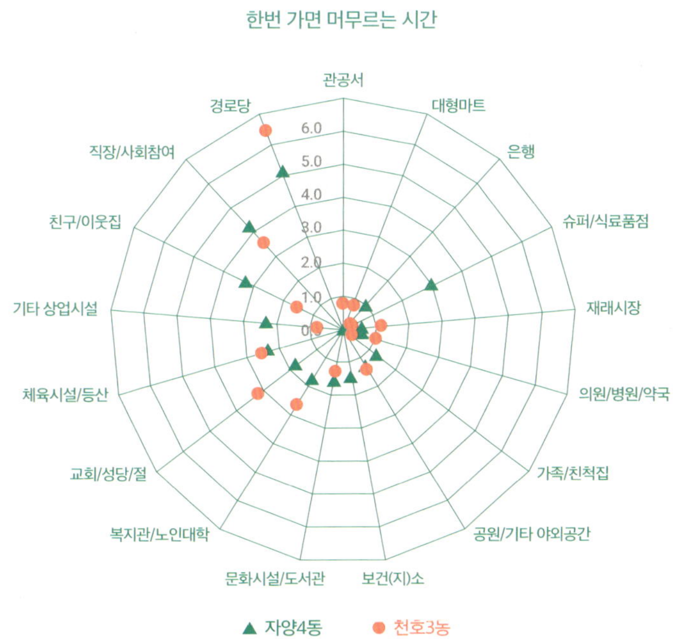

생활에 꼭 필요한 시설들은 15분 이내 거리에 있었다. 마지막으로 체육시설, 종교시설 등 동네마다 있지 않거나, 비용이나 개인적인 취향에 따라 선택할 수 있거나, 어쩔 수 없이 동네 밖으로 나가야 하는 시설들은 걸어서 20분 이상 걸리는 거리에 있었다.

이처럼 노인들의 일상적인 보행 이동은 여러 겹으로 구성되는데, 생활에 꼭 필요한 시설을 기준으로 한다면 걸어서 15분 이내를 일상생활권으로 볼 수 있다. 노인 평균 보행 속도인 분속 47.9미터[79]를 적용해 보면, 그 범위는 대략 집을 중심으로 반경 720미터 정도다. 자양4동과 천호3동은 행정구역 반경이 이와 비슷했다.

주요 근린시설의 보행 이동 시간

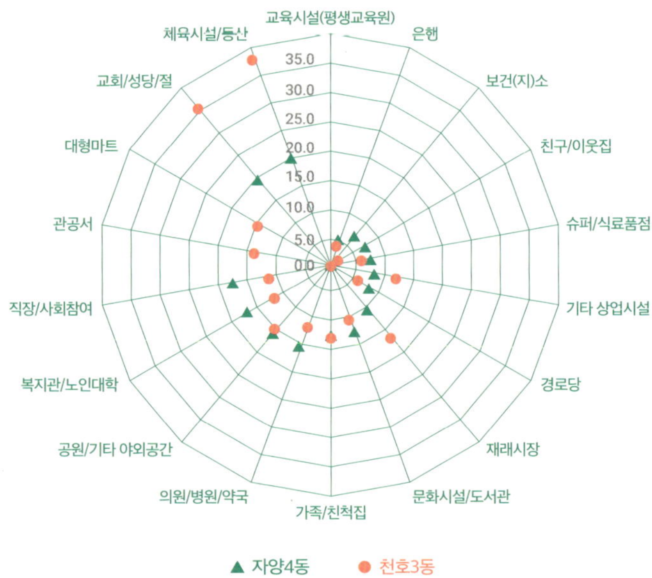

주 1회 이상 방문하는 주요 근린생활시설의 평균 보행 이동 시간

이동 시간	근린생활시설
10분 이내	은행, 관공서, 대형마트, 친구/이웃집, 슈퍼/식료품점, 경로당, 보건(지)소, 기타 상업시설
15분 이내	문화시설/도서관, 재래시장, 가족/친척집, 의원/병원/약국, 복지관/노인대학, 직장/사회참여, 공원/기타 야외 공간
20분 이상	체육시설/등산, 종교시설

* 자양4동과 천호3동의 평균 보행 이동 시간의 평균값을 기준으로 함

나이와 성별, 소득에 따라 달라지는 보행 패턴

노인들이 어떤 근린시설을 얼마나 자주, 오래, 멀리까지 방문하는지 확인함으로써 그들의 일상생활권이 시공간적으로 어떻게 구성되는지 알 수 있었다. 하지만 이처럼 추상적인 개념도로는, 노인들이 생활하는 실제 동네에서 어디가 일상생활권인지 알기 힘들다. 예컨대, 동네에 있는 여러 경로당 중 어느 곳을, 어떤 길을 걸어 방문하는지를 알 수가 없다.

이 점을 보완하기 위해 자양4동과 천호3동 노인들의 동네 보행을 함께 조사했다. 전문가들의 의견에 따르면, 도시 노인들의 동네 보행은 매일 반복되는 규칙적인 패턴이 있다.[80] 심층 인터뷰로 자양4동과 천호3동 노인들의 통행 일지(travel log)를 작성하고, 지도에 실제

이동 경로를 표시해서 보행 패턴을 조사했다. 그런 다음 조사원이 표시된 경로를 직접 걸어보면서 통행 일지와 맵핑(mapping) 결과를 검증하고 GPS 데이터로 기록했다.

노인들의 보행 패턴은 개인 특성에 따라 뚜렷한 차이를 보였다. 우선 활기찬 노인들은 매우 긴 시간 동안 긴 거리를 걸어서 동네 안팎의 다양한 시설을 이용했다. 예를 들어, 자양4동 A노인(여/68세)은 아침 9시부터 밤 11시 30분까지 총 7.1킬로미터 이상을 걸었다. 천호3동 B노인(남/78세)은 새벽 4시 15분부터 저녁 6시 50분까지 총 3.2킬로미터 이상 걸었는데, 여기에는 조사의 한계로 아침 등산을 하며

노인들의 통행 일지

구분	출발		도착		소요시간	통행목적	교통수단
	출발장소	출발시각	도착장소	도착시간			
	장소명 (구체적 상호명)	시 분(오전/오후)	장소명 (구체적 상호명)	시 분(오전/오후)	-	주관식 : (예) 값이 싸서 : 점원이 친절해서 : 집과 가까워서	①도보 ②버스 ③자전거 ④지하 ⑤택시 ⑥승용 ⑦기타
(예시)	집	09시 20분(오전)	한강마트	09시 30분(오전)	10분	집과 가까워서	① 도보
1	집	4시 분(오전)	건더	4시 15분(오전)	15분	운동	도보
2	건더	5시 15분(오전)	집	5시 30분(오전)	15분	키가	도보
3	집	7시 20분(오전)	수영장(체육)	7시 30분(오전)	10분	운동	〃
4	수영장	8시 30분(오전)	집	8시 40분(오전)	10분	키가	〃
5	집	8시 40분(오전)	딸 집	8시 43분(오전)	3분	청소·세탁	〃
6	딸 집	9시 20분(오전)	집	9시 23분(오전)	3분	키가	〃
7	집	9시 30분(오전)	자란유치원	9시 43분(오전)	13분	손자등원	도보
8	자란유치원	9시 45분(오전)	집	10시 분(오전)	15분	신문읽기등	〃
9	집	11시 분(오전)	가마두예	11시 5분(오전)	5분	모임 참석	〃
10	가마두예	2시 분(오후)	집	2시 5분(오후)	5분	청소·수면	〃
11	집	5시 27분(오후)	조양태권도	5시 30분(오후)	3분	손자 하원	〃
12	조양태권도	5시 30분(오후)	집	5시 33분(오후)	3분	키가	〃
13	집	7시 30분(오후)	화양동소재식당	7시 45분(오후)	15분	모임 참석	〃
14	화양동 소재식당	8시 30분(오후)	집	8시 45분(오후)	15분	키가	
15		시 분(오전/오후)		시 분(오전/오후)			

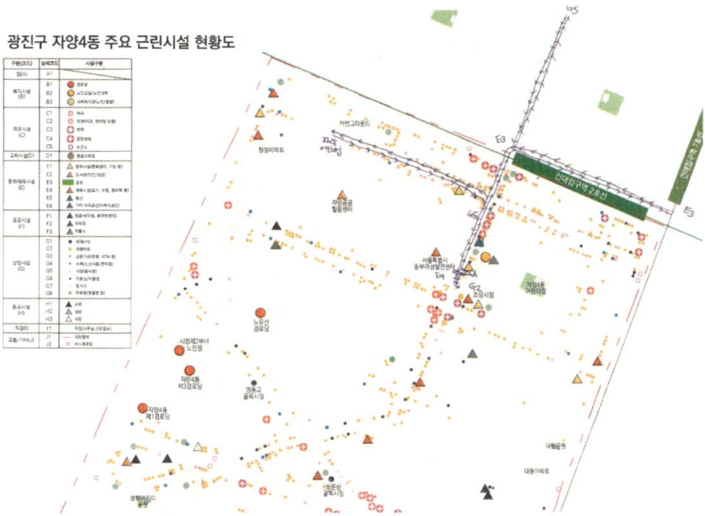

걸은 거리는 빠져 있다. 이들의 보행량은 서울 시민이 하루 평균 걷는 거리인 4.5킬로미터[81] 보다 많다. 이들은 운동, 종교 활동, 사회적 교류가 활발했고, 중간중간 집에 들른다는 공통점이 있었다.

반면, 활기차지 않은 노인들은 방문 장소도 제한적이고, 이동 거리도 짧았다. 예를 들어 자양4동 C노인(여/76세)은 자신의 아파트에서 단지 내 경로당을 오가며 하루에 0.5킬로미터 정도를 걷는 게 전부였다. 장을 보는 것도 아파트 앞에 오는 식료품 트럭을 이용하기 때문에 경로당 외에 동네 주변을 걷는 일은 거의 없었다. 천호3동의 D노인(여/75세)도 점심을 해결하러 강동종합사회복지관을 다녀오며 0.4킬로미터 정도를 걷는 게 하루 보행의 전부였다.

활기찬 노인의 보행 패턴

자양4동 A노인 : 7.1+a km (여성/68세/월 소득 150만~200만 원)

9:00 — 23:30

집 → 자양동 성당 → 집 → 잠실 종합수영장 → 노룬산 재래시장 → 집 → 한강공원 → 집

천호3동 B노인 : 3.2+a km (남성/78세/월 소득 50만 원 이하)

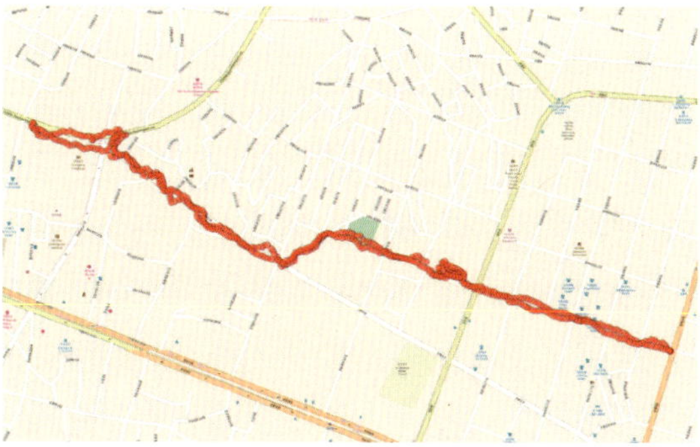

4:15 — 18:50

집 → 일자산 → 집 → 경로당 → 천호시장 상인회사무실 → 춘천족발 → 집

활기차지 못한 노인의 보행 패턴

자양4동 C노인 : 0.5 km (여성/76세/월 소득 50만 원 이하)

14:00 — 18:03

집 — 경로당 — 집

천호3동 D노인 : 0.4+a km (여성/75세/월 소득 50만 원 이하)

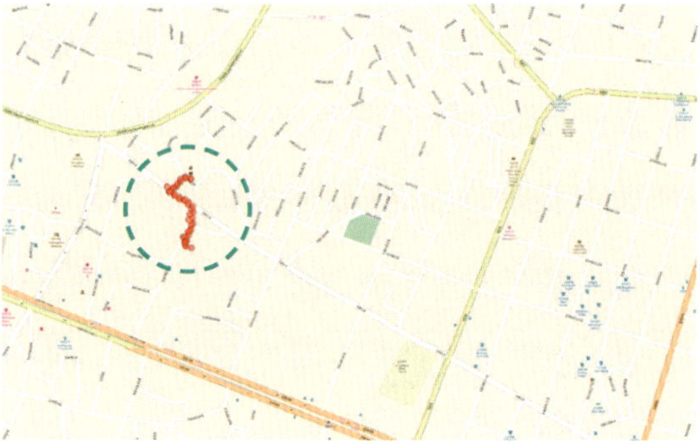

9:30 — 13:00

집 — 강동종합 사회복지관 — 집

가난한 노인들의 보행 패턴도 특징이 있었다. 자양4동 E노인(여/75세)은 아침 8시부터 10시까지 2.5킬로미터 정도를 걷는데, 그중 1.8킬로미터는 청소와 주차장 관리 등 공공근로에 따른 것이었다. 천호3동 F노인(여/76세)도 아침 10시부터 밤 7시까지 폐지를 줍기 위해 동네 곳곳을 1.9킬로미터 이상 걸어 다녔다. 활기찬 노인과 가난한 노인은 둘 다 보행 거리가 긴 편이지만, 보행 목적과 범위에서 차이가 있다. 활기찬 노인은 동네 바깥의 여가시설을 이용하기 위해 걷는 것이라면, 가난한 노인은 동네 안에서 일을 하기 위해 걷는 것이다.

보행 패턴은 연령대별로도 차이가 있었다. 60대, 70대, 80대 이상으로 나눠 평균 보행 거리를 계산해 보면, 각각 3.58킬로미터, 2.02킬로미터, 1.85킬로미터로 나이가 많을수록 짧아졌다. 보행 범위도 나이가 많을수록 동네 안으로 좁아지며, 문화체육시설 이용은 줄고 경로당 이용은 늘어나는 경향도 있다. 나이가 들어 신체 기능이 약해질수록 가까운 곳 위주로 더 적게 걷고, 이럴 때 친교, 식사, 정보 획득이 한꺼번에 해결되는 경로당 위주로 집 밖 활동이 조정되는 것이다. 이와 같은 보행 패턴은 설문조사 결과와도 일치한다. 자주 이용하는 여가 장소를 묻는 질문에 60대는 문화체육시설이 47.9퍼센트, 70대와 80대는 경로당과 복지관 등 복지시설이 각각 55.1퍼센트, 68.7퍼센트로 가장 많았다. 그 장소를 선호하는 이유를 묻는 질문에 60대는 '건강 유지를 위해'가 35.6퍼센트, 70대와 80대는 '친한 사람들이 있어서'가 각각 34.4퍼센트와 42.2퍼센트로 가장 많았다.

경제적 형편에 따라서도 보행 패턴에 차이가 있었다. 월 가구 생

가난한 노인의 보행 패턴

자양4동 E노인 : 2.5 km (여성/75세/월 소득 50만~100만 원)

8:00 — 9:55

집 → 대동아파트 → 공영주차장 → 청정팰리스 빌라 → 자양4동 주민센터 → 우리 농축산물 할인마트 → 집

공공근로(1.8km)

천호3동 F노인 : 1.9+a km (여성/76세/월 소득 50만~100만 원)

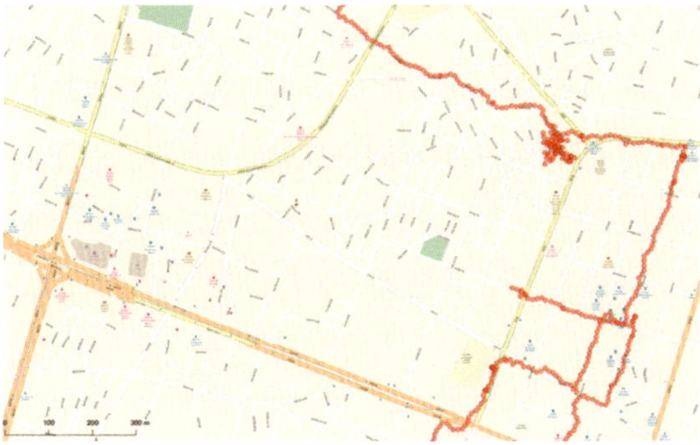

10:00 — 19:00

집 → 폐지수집 → 집 → 상미 어린이집 → 집 → 은성자원 (고물상) → 정자 → 집

폐지수집/공공근로

연령대별 보행 패턴 차이

자양4동 60대

자양4동 70대

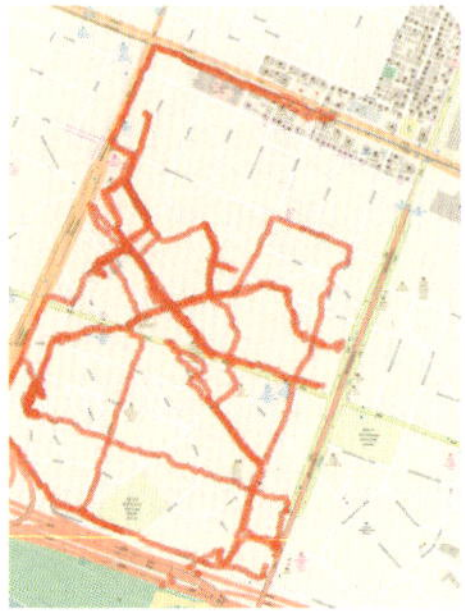

자양4동 80대

활비 100만 원 이하와 300만 원 초과 두 집단을 나눠 평균 보행 거리를 계산해 보면, 각각 2.18킬로미터, 3.26킬로미터로 윤택한 노인들이 더 많이 걷고 보행 범위도 동네 밖까지로 더 넓었다. 문화여가시설은 더 많이, 경로당은 더 적게 이용했다. 이 보행 패턴도 설문조사 결과와 일치했다. 자주 이용하는 여가 장소를 묻는 질문에 월 가구 생활비 100만 원 이하 집단은 복지시설과 경로당이 50.6퍼센트, 300만 원 초과 집단은 문화시설이 33.3퍼센트로 가장 많았다. 그 장소를 선호하는 이유를 묻는 질문에 100만 원 이하 집단은 '친한 사람들이 있어서'가 30.4퍼센트, 300만 원 초과 집단은 '건강 유지를 위해'가 33.3퍼센트로 가장 많았다. 노인의 여가 활동 장소는 경제적 형편에 좌우된다고 할 수 있다.

노인들의 일상생활권과 보행 패턴 분석을 종합하면 자양4동과 천호3동에서 노인들이 자주 방문하는 시설과 걷는 길을 시각적으로

가구 경제 수준별 보행 패턴 차이

자양4동 월 가구생활비 100만 원 이하

자양4동 월 가구생활비 300만 원 초과

확인할 수 있다. 두 곳 모두 노인들은 걸어서 15분 거리 안에서 일상생활을 위한 필수 활동과 여가 활동 대부분을 하고 있었다. 노인들이 자주, 오래 방문하는 동네 핫 플레이스는 재래시장과 복지시설이었다. 나이가 많거나 경제적 형편이 어려운 노인들에겐 경로당이 핫 플레이스였고, 여러 경로당 중 집에서 가깝거나 친구가 많은 곳을 주로 이용했다.

노인이 주로 걷는 길은 집과 핫 플레이스, 핫 플레이스와 핫 플레이스를 잇는 경로였다. 여러 경로 중에서 최단거리를 걷되 넓은 길보다는 가게나 시설이 밀집한 길, 차가 덜 다니는 길, 오래된 길을 선호했다. 평균 보행 거리는 평지인 자양4동이 경사지인 천호3동보다 조금 더 길지만, 이런 지형 차이보다는 노인의 나이, 성별, 소득 등에 따른 보행 거리, 범위, 목적지의 차이가 더 두드러졌다.

노인들의 주요 방문 시설과 보행 경로

자양 4동

- 공공시설
- 경로당
- 대형슈퍼
- 공원
- 종교시설
- 지하철역
- 재래시장

천호 3동

- 공공시설
- 경로당
- 대형슈퍼
- 공원
- 종교시설
- 지하철역
- 재래시장

노인들의 세대 차이

이런 차이 중 특히 주목할 부분은 연령과 성별에 따른 집단 간 차이이다. 면담조사에 참여한 노인을 65~75세 젊은 할머니와 젊은 할아버지, 76세 이상 늙은 할머니와 늙은 할아버지 등 네 집단으로 나누어[82] 월 평균 가구소득, 건강 상태, 보행 거리, 평일 하루 일상 패턴을 살펴보았다.

우선 평균 보행 거리는 젊은 할머니(3.24킬로미터), 늙은 할아버지(2.43킬로미터), 젊은 할아버지(2.04킬로미터), 늙은 할머니(1.36킬로미터) 순이다. 남녀로만 구분했을 때는 평균으로 합쳐져 보이지 않던

노인 하위 집단별 평균 보행 거리(단위: km)

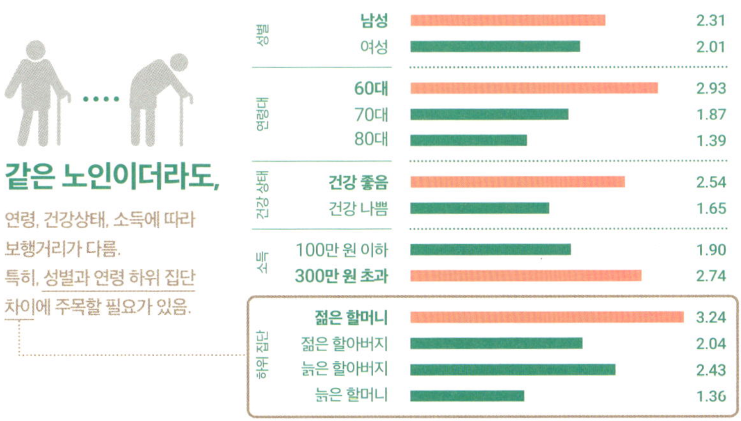

자양4동 노인의 일과[83]

자양4동				오전(시간)								오후(시간)											
구분	소득 수준	건강 상태	보행 거리	4	5	6	7	8	9	10	11	12	1	2	3	4	5	6	7	8	9	10	11
젊은 할아버지 (Younger Old)	1	3	4.9																				
	4	2	2.0																				
늙은 할아버지 (Older Old)	4	1	5.3																				
	3	2	2.7																				
	3	2	1.7																				
	1	2	2.0									복지관											
	7	3	1.9								복지관												
젊은 할머니 (Younger Old)	10	1	4.3																				
	10	4	3.8																				
	9	2	5.5																				
	4	2	4.3																				
	5	3	1.7																				
	1	5	1.5																				
	4	2	7.1																				
	3	2	5.2						복														
	3	1	2.1							복지관													
	3	4	0.6																				
	1	5	0.7																				
	6	4	1.3																				
	1	3	2.2									복											
	2	5	2.5																				
	2	4	1.4									복지관											
늙은 할머니 (Older Old)	-	3	0.1																				
	1	1	2.4																				
	2	2	2.4																				
	8	1	0.8																				
	1	4	1.9																				
	1	2	1.7																				

+ 시설 구분

- 복지시설
- 의료시설
- 문화체육시설
- 상업시설
- 종교시설
- 직장/사회참여
- 가족/친척/이웃집
- 공원/야외공간
- 등산
- 집에서 보냄

+ 월평균 가구소득

1 50만 원 이하
2 51만~100만 원 이하
3 101만~150만 원 이하
4 151만~200만 원 이하
5 201만~250만 원 이하
6 251만~300만 원 이하
7 301만~350만 원 이하
8 351만~400만 원 이하
9 401만~450만 원 이하
10 기타

+ 건강 상태

1 매우 좋음
2 좋음
3 보통
4 나쁨
5 매우 나쁨

+ 보행 거리

단위 10km

젊은 할머니와 늙은 할머니의 보행 거리 차이가 드러난다. 남성 노인은 나이가 들어도 외부 활동량에 변화가 없거나 직장 생활을 여가 활동으로 대체하면서 보행 거리가 늘어나는 반면, 여성 노인은 나이가 들면서 외부 활동이 현저하게 줄어드는 것이다.

집단 간 이용시설의 차이도 눈에 띈다. 우선 복지관과 경로당 등 복지시설은 젊은 노인에 비해 늙은 노인이 더 많이 이용한다. 특히 늙은 할머니 집단은 평일 낮 대부분을 경로당에서 보내고, 다른 시설은 거의 이용하지 않아 야외 활동과 사회적 교류도 적은 것으로 보인다. 반면, 다른 집단에 비해 상대적으로 건강하고 윤택한 젊은 할머니 집단은 문화체육시설 이용이 두드러지게 많다. 자주 방문하는 시설의 종류도 훨씬 다양하고, 더 일찍 하루를 시작해 더 늦게까지 활동한다. 다른 집단에 비해 공원이나 가족과 이웃집을 더 많이 방문하고, 친구와 함께 동행하는 등 사회적 교류도 활발하다.

일과표에서 볼 수 있듯이 복지시설을 주로 이용하는 집단과 그렇지 않은 집단은 서로의 시간과 장소가 거의 겹치지 않는다. 젊은 노인일수록 주로 문화체육시설이나 상업시설에서 여가시간을 보내고 생활 반경이 넓으며 활동이 다양하다. 반면, 늙은 노인일수록 여가 장소는 복지시설, 특히 경로당으로 한정된다. 일상 활동의 중심이, 하고 싶은 '행위'보다는 익숙한 환경과 사람들 속에서 오래 머무를 수 있는 '장소'로 바뀌는 것이다.

노인이 사는 동네, **살고 싶은 동네**

자양4동과 천호3동 노인들은 이런 자기 동네에 얼마나 만족할까? '앞으로 어디서 살고 싶은가'라는 질문에 자양4동 노인의 83.0퍼센트, 천호3동 노인의 74.8퍼센트가 '현재 살고 있는 집과 동네'라고 응답했다. '누구와 같이 살고 싶은가'라는 질문에는 '배우자'가 41.6퍼센트, '혼자'가 38.8퍼센트로 대다수가 노인 1~2인 가구를 희망했다. 그런데 현재도 응답자의 24.5퍼센트는 배우자와 함께, 36.4퍼센트는 혼자 살고 있다. 따라서 노인 1~2인 가구를 희망하는 것은 현재 가구원 구성을 유지하고 싶다는 것으로 해석하는 것이 적절해 보인다. 이처럼 자양4동과 천호3동 노인들은 전국 또는 서울 노인실태조사 결과와 비슷하게 현재 살고 있는 동네에서 독립된 생활을 이어 가길 원하고 있었다.

고령친화도시 영역별 만족도

자양4동과 천호3동 노인들이 이렇게 응답한 건 자기 동네에 만족하기 때문일까, 아니면 만족스럽지 않지만 더 나은 삶을 체념했기 때문일까? 이 점을 확인하기 위해 현재 살고 있는 동네에 얼마나 만족하는지, 앞으로 계속 살기 위해서는 무엇이 필요한지를 고령친화도시 8대 영역에 따라 질문했다.

'지금 살고 있는 동네에 만족한다'고 응답한 노인은 67.5퍼센트로 고령친화도시 8대 영역 중 외부 환경 및 시설, 교통수단 편의성, 주거 환경 안정성 등 물리적 환경에서는 문화체육시설을 제외한 대부분의 영역에서 만족도가 50퍼센트를 넘는 편이었다. 복지관이 없는 자양4동은 노인시설에 대한 만족도가, 경사지에 골목길이 많은 천호3동은 도보 환경과 휴식 공간에 대한 만족도가 50퍼센트를 밑돌아 지역별 특성이 드러나기도 했다.

고령친화도시 8대 영역 중 인적 자원의 활용, 여가와 사회 활동, 존중과 사회통합, 건강과 지역 돌봄 등 사회적 환경은 모든 영역의 만족도가 50퍼센트를 넘지 못해 물리적 환경과 대조적이었다. 특히 지역 활동의 참여 기회와 맞춤형 일자리는 만족도가 10퍼센트대로 눈에 띄게 낮았다. 2부의 서울시 고령친화 체감도에서도 인적 자원의 활용, 여가와 사회 활동 영역이 가장 점수가 낮았던 것과 일맥상통한

현재 살고 있는 동네의 물리적(위), 사회적(아래) 환경 만족도

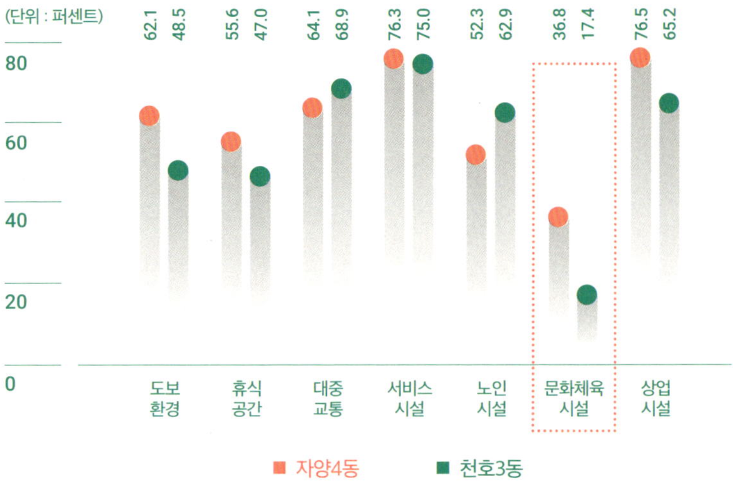

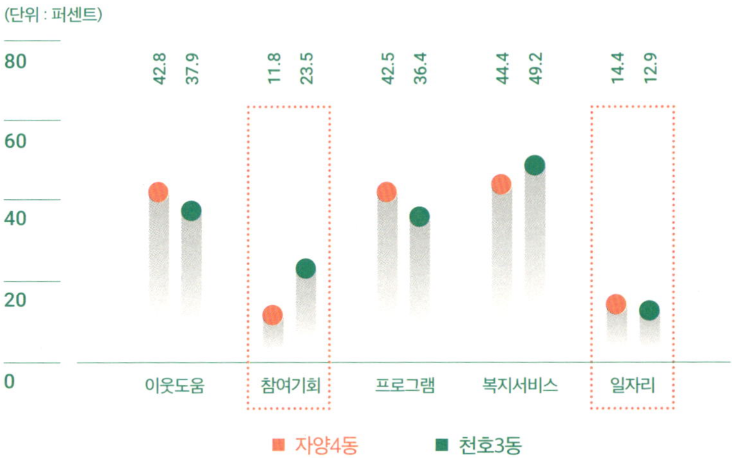

다. 서울 노인의 일자리와 사회참여에 대한 새로운 욕구에 아직은 고령친화 정책이 제대로 부응하지 못하는 현실이 자양4동과 천호3동 조사에서 재확인된 것이다.

그 결과, 현재 살고 있는 동네에서 계속 살기 위해 더 필요한 것은 일자리라는 응답이 가장 많았다. 자양4동 노인의 58.3퍼센트, 천호3동 노인의 48.9퍼센트가 '노인도 참여할 수 있는 동네 일자리와 창업 기회'를 원했다. 이와 함께 '식이요법, 운동 등을 함께 하는 건강관리 모임', '미끄럼 방지, 벤치 등 편안하고 안전한 보행 환경'이 필요하다는 응답이 자양4동과 천호3동 모두 높았다. 이 결과를 통해 노인들에게 사회 활동과 접목된 능동적인 건강관리, 동네 보행을 위한 섬세한 환경 개선 등 기존 고령친화 정책과는 차별화되는 새로운 욕구가 있는 것으로 짐작해 볼 수 있다.

안정적인 동네 일자리 수요 높아

자양4동과 천호3동 노인들이 가장 바라는 일자리 관련 실태와 기대사항을 자세히 살펴보자. 286명의 응답자 중 46.9퍼센트는 현재 자신의 경제적 형편이 어렵다고 느꼈다. 여유가 있다는 응답은 10.5퍼센트에 불과했다. 하지만 지금 일을 하고 있는 노인은 30.1퍼센트로 형편이 어렵다고 해서 모두가 돈을 벌고 있지는 않았다. 일을 하는 목

지역사회에서 늙어 가기를 위한 개선 의견

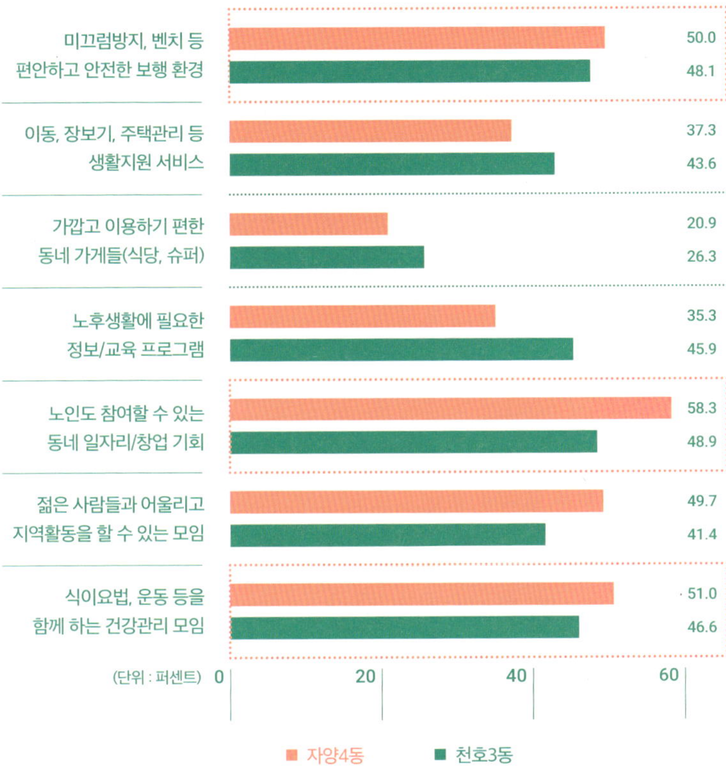

적은 생계비와 용돈 마련처럼 경제적인 이유가 84.9퍼센트로 대다수였고, 건강 유지나 사회적 기여가 목적인 경우는 10퍼센트 미만이었다. 반면, 일을 하지 않는 이유는 '몸이 아파서'가 49.2퍼센트, '적당한 일자리가 없어서'가 30.6퍼센트로 가장 많았다. 아픈 노인을 제외하더라도, 동네에 적절한 노인 대상 일자리가 생기면 더 많은 노인들이 일을 하게 될 것으로 예상할 수 있다.

실제로 응답자의 절반이 넘는 53.5퍼센트가 앞으로도 계속 일을 하길 원했다. 희망하는 일의 성격은 '특별한 지식이 필요 없이 누구나 할 수 있는 일'과 '과거 본인이 해봤거나 지금 하고 있는 일'이 두드러지게 많았다. 희망하는 근무 형태는 소일거리나 창업보다 시간제근무부터 상근직까지 안정적인 일자리에 대한 선호도가 높았다. 이는 노인 일자리라고 해서 소득이 낮고 불안정하면 노인들의 실제 욕구를 충족하기 어렵다는 점을 보여 준다.

친하지만 어려울 때 의지하긴 어려운 이웃

현재 살고 있는 동네에서 노인 1~2인 가구로 독립적이고 활기찬 생활을 유지하려면, 일자리만큼 중요한 것이 사회적 관계다. 함께 살지 않는 가족, 친구, 이웃과의 교류가 활발하고, 어려울 때는 의지할 수도 있어야 일상생활 중 노인이 스스로 해결하지 못하는 부분을 채워 나갈 수 있기 때문이다.

자양4동과 천호3동 노인들의 사회적 관계를 알기 위해, 가족·친척, 이웃, 지인·친구 중 연락이나 만남 상대, 점심식사 상대, 어려울 때 의지를 가장 많이 하는 상대가 누구인지 질문했다. 조사 결과, 노인들이 가장 자주 연락하고 만나며(45.2퍼센트), 점심식사를 하는

희망하는 일의 성격(위) 희망하는 근무 형태(아래)

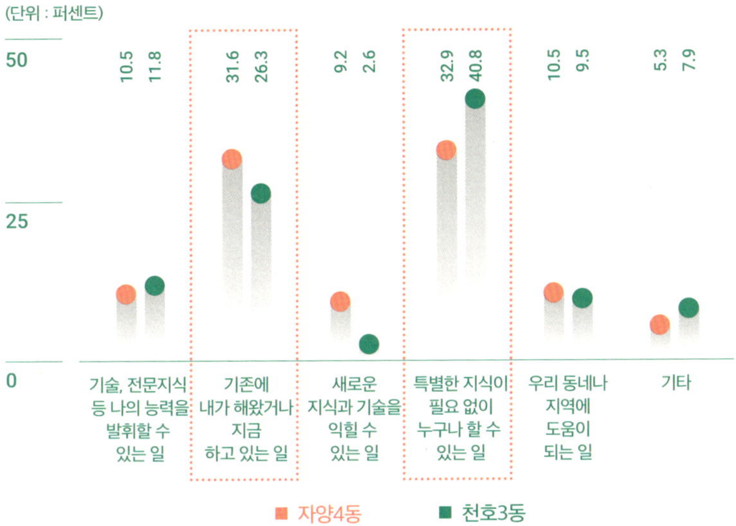

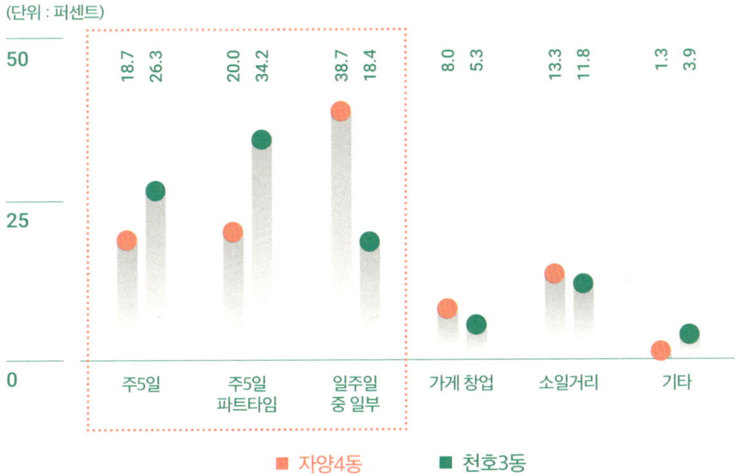

노인들의 사회적 관계(단위: 퍼센트)

Q 다음을 가장 많이 하는 사람은?

(35.0퍼센트) 상대는 이웃이었다. 하지만 어려울 때 가장 많이 의지하는 상대는 가족과 친인척이 65.7퍼센트로 가장 많았고, 이웃은 8.6퍼센트에 불과했다. 가장 중요한 사회적 관계는 아직 혈연의 벽을 넘어서지 못하고 있는 것이다. 살던 동네에서 늙어 가기가 이뤄지기 위해서는 이웃 관계가 이른바 '사회적지지(social support)'로까지 발전할 필요가 있음을 보여 주는 대목이다.

또 하나 주목할 것은 연락이나 만남, 점심식사, 어려울 때 의지할 상대가 아무도 없다고 응답한 노인이 10퍼센트 이상이나 된다는 점이다. 이들은 이미 사회적 고립에 처해 있거나, 그렇게 될 가능성이 높은 집단이다. 정책적인 지원과 함께 주민공동체의 관심이 긴요한 대상이라고 할 수 있다.

4부

노인을 위한, 모두를 위한 동네 만들기

지역에서 배우자

지역 특성에 맞춰 다양하게 나타나는 사례들

지금까지 우리는 급속한 고령화의 물결 속에 서울시는 얼마나 고령친화적이며 실제 서울 노인의 일상은 어떻게 구성되어 있는지 살펴보았다. 서울시는 고령친화 마스터플랜을 수립하고 고령친화도시를 조성하기 위해 다양한 노력을 기울이고 있으며 어느 정도 성과도 인정되고 있다. 그렇지만 서울 노인의 고령친화 체감도는 여전히 답보상태에 놓여 있으며, 이를 높이기 위해서는 서울 노인의 욕구를 정확하게 파악하고 이에 부합하는 섬세한 정책을 개발할 필요가 있다.

서울 노인은 어떤 욕구를 지니고 있는가? 3부에서 살펴본 것처럼, 서울 노인들 역시 전국 또는 세계의 여느 노인들과 마찬가지로 현재 살고 있는 동네에서 독립된 생활을 영위하며 늙어 가기를 희망하고 있었다. 그렇지만 현재 살고 있는 동네에 만족하는 노인은 67.5퍼센트이며, 특히 사회적 환경과 동네 일자리에 대한 만족도가 낮은 상황이다. 이는 동네 환경이 고령친화적으로 개선되어야 함을 의미하며, 서울시 전체 계획과 일관성을 갖되 지역의 특수성을 반영한 고령친화적 지역사회 전략이 필요함을 보여 준다.

그렇다면 고령친화적 지역사회 전략, 즉 노인이 살기 편한 동네 만들기는 어떻게 가능할까? 우리 연구진은 그 답을 지역에서 찾을 수 있을 것이라 생각하였다. 개인 혹은 공동체 차원에서 고령화 시대에 맞추어 지역의 변화를 시도한 사례들이 심심치 않게 소개되고 있기 때문이다. 하지만 지역사회 전략은 지역의 특성에 따라 매우 다양하게 나타날 수밖에 없기 때문에, 이상적인 지역 모델보다 다양한 접근 방식을 발굴하고자 하였다. 사례를 수집하기 위해 수많은 문헌과 언론 자료, 인터넷 자료를 살펴보았으며, 몇몇 지역은 실제 방문하여 관계자와 인터뷰를 진행하기도 하였다.

실제로 고령친화 지역사회 사례들은 매우 다양하였지만, 상세한 내용을 조사하기에는 연구 기간이 충분치 않았다. 4부에서는 지나치게 지엽적인 사례들은 제외하고 서울시에의 함의가 비교적 크다고 판단한 사례들을 중심으로 소개하고자 한다. 사례의 선정 영역은 세계보건기구와 서울시에서 제시한 고령친화도시 기준을 활용하였다. 세계보건기구는 고령친화도시를 물리적 환경 3대 영역과 사회적 환경 5대 영역의 8대 영역으로 구분하였으며, 서울시는 이를 서울의 현황과 정책 목표에 맞게 '살기 편한 환경', '건강한 노후', '맞춤형 일자리', '존중과 세대 통합', '활기찬 여가문화', '제2인생 설계 지원' 등 6대 영역으로 재구성한 바 있다.

4부에서는 고령친화 지역사회 사례를 '살기 편한 환경', '건강한 노후', '활기찬 생활' 등 3개 영역으로 나누어 소개한다. '살기 편한 환경'은 물리적 환경 개선 사례들을 담았다. 사회적 환경의 사례는 '건강한 노후'와 '활기찬 생활'에서 소개한다. '건강한 노후'는 노인이 건강한 생활을 유지하기 위해 필요한 돌봄 서비스들을 지역사회가 어떤 방식으로 제공할 수 있는지 엿볼 수 있다. '활기찬 생활'은 '맞춤형 일자리', '존중과 세대 통합', '활기찬 여가문화'를 통합한 것이다. 실제 사례는 이들 영역이 서로 밀접하게 관련되어 있어 특정 영역의 사례로 구분하기 어려웠기 때문이다. 베이비붐 세대와 관련한 '제2인생 설계 지원'은 사례 조사에서는 제외하였다. 베이비붐 세대는 앞으로 고령친화 지역사회 형성에 매우 큰 영향을 미칠 것이 분명하지만, 이 책에서는 우선 노인의 일상생활에 초점을 두고자 하였기 때문이다. 4부의 마지막은 이들 영역을 통합적으로 접근하는 지역사회 계획 수립 사례를 소개한다. 이를 통해 고령친화도시의 각 영역이 별개로 존재하기보다는 상호 연계성을 가지고 있으며, 이들 사례는 정책적으로 각 영역을 어떻게 연계하고자 하였는지를 보여 주고자 한다.

살기 편한 환경: **물리적 환경을** 개선하다

금천구 보린주택[84] : 홀몸노인 맞춤형으로 주택을 공급하다

금천구는 열악한 주거 환경에 처한 저소득 홀몸노인들의 주거 문제를 해결하려고 서울시에 홀몸노인을 위한 임대주택 사업을 제안했고, 서울시는 이를 서울주택도시공사(이하 SH공사)를 통해 추진 중이던 수요자 맞춤형 임대주택 공급 사업과 연결하였다. 홀몸노인, 청년, 신혼부부, 예술인, 한부모가정, 여성 등 다양한 성격의 수요자를 대상으로 맞춤형 임대주택을 공급하는 사업 취지와 맞아떨어졌기 때문이다.

이렇게 하여 2014년에 보린주택 1호가 탄생하였다. 보린(保隣)은 '이웃들끼리 서로 지킨다'는 뜻으로 노인들이 모여 살면서 서로를 돌보는 집이라는 의미를 담은 브랜드다. 보린주택은 방과 화장실 등 개인 공간을 각자 이용하되, 거실과 주방 등 공용 공간은 여러 세대가 함께 이용하는 형태의 공공임대형 홀몸노인 공동체주택(share house)으로 건설되었다. 공동체주택은 1~2인 가구가 많은 유럽, 일본 등에서는 이미 일반화되었지만, 한국에서는 서울시가 2013년에 처음 시행했다. 이런 공동체주택을 노인 주거에 접목한 보린주택은 2016년부터 다른 자치구는 물론 전국으로 확산 중이다.

2018년 현재 금천구에는 보린주택 4개 동(보린주택, 보린두레, 보린햇살, 보린함께)이 건설되어, 56세대가 살고 있다. 보린주택은 노인들을 위한 맞춤형 공간으로 설계되었다. 우선 공동체주택이지만 독립적인 생활을 원하는 노인들의 요구에 맞춰 방, 화장실, 주방을 갖춘 원룸을 제공한다. 대신 커뮤니티 룸을 만들어 공동 식사, 회의, 복지 프로그램, 행상 등을 위한 장소로 활용한다. 노인의 신체 기능 저하를 고려해서 곳곳에 배리어 프리(barrier free)[85] 디자인을 적용하였다. 건물 동선에는 슬라이딩 자동문, 엘리베이터, 안전 손잡이를 설치하고, 공용 공간과 원룸 실내 바닥에는 높낮이차를 없앴다. 각 세대에는 안전하고 편하게 신발을 신고 벗을 수 있도록 접이식 의자와 비상시 긴급 연락용 인터폰도 설치했다. 옥상에는 노인들이 직접 친환경 채소를 키울 수 있도록 텃밭을 조성하였으며, 태양광 패널을 설치해서 공용 전기료를 절약하고 입주자들의 관리비 부담을 줄여 주고 있다.

보린주택의 입주 자격은 만 65세 이상의 기초생활수급자인 홀몸노인이고, 계약 기간은 2년마다 이뤄지는데, 입주 자격만 유지하면

보린주택 현황

구분		보린주택(1호)	보린두레(2호)	보린햇살(3호)	보린함께(4호)
위치		독산2동	시흥3동	독산2동	시흥4동
규모	대지	217㎡	332㎡	202㎡	229㎡
	연면적	431㎡	623㎡	500㎡	497㎡
	층수	지상 5층	지상 4층	지상 5층	지상 5층
세대수		16세대	10세대	14세대	16세대
주차장		8면	6면	7면	8면
시행사		IBOOKEE	DLIM Architects	IBOOKEE	IBOOKEE
착공		2014.4	2014.10	2015.3	2015.4
준공		2014.9	2015.9	2015.8	2015.7
사진					

자료: CLC·서울연구원, 2019,
AGE-FRIENDLY CITIES Lessons from Seoul and Singapore, 53쪽.

9회까지 연장하여 최대 20년까지 거주가 가능하다. 저소득 노인을 위해 설립된 보린주택은 노인 맞춤형 공간 구성뿐 아니라 임대료 부담도 대폭 낮춘 것이 특징이다. 임대료는 주변 시세의 30퍼센트인 월 10만 원 정도이며 보증금은 세대당 1천만 원 이내이다. 또한 금천구는 「주민소득지원 및 생활안정기금 운영 조례」에 따라 연 2퍼센트 이율로 보증금액의 90퍼센트까지 융자해 주고 있다. 월 임대료는 입주자 대부분이 기초생활수급자이므로 주거 급여로 충당하고 있다. 또한 보린주택 주차장을 이웃 주민들에게 유료로 임대해서 얻은 수입을 관리비로 사용하여 입주민의 경제적 부담을 완화하고 있다.

한편 금천구는 보린주택에 지역자활센터의 자활근로자를 관리인으로 배치하여 입주 노인을 위한 맞춤형 생활 지원 서비스를 제공하고 있다. 관리인은 안부 확인, 병원 동행, 주택 관리 등을 담당하고 있으며, 입주 노인이 일상에서 겪는 사소한 문제나 행정 처리도 지원하고 있다. 지역의 보건 및 복지 서비스 연계도 활발하다. 보건소는 주1회 방문해서 건강검진을 하고 있다. 또한 구청 자원봉사팀의 청소 서비스, 주민 자원봉사자들의 수지침과 미용 서비스, 지역 단체, 병원, 업체들의 현물과 서비스 후원 등 다양한 공공 및 민간자원이 보린주택과 연결되어 있다.

이런 주거, 복지, 일상생활 지원으로 입주 노인의 삶의 질은 높아졌지만, 지역의 한정된 자원이 보린주택에 집중되는 점, 구청과 관리인 등 외부 지원에 대한 노인들의 의존이 높아지는 점 등은 문제로 지적된다. 그러나 최근에는 노인들이 스스로 공동생활을 꾸려 가기 위해 관리 규약을 제정하려는 노력도 이뤄지고 있다. 관리 규약은 주민의 권리와 의무, 주민 조직과 총회, 주택의 유지 관리와 이를 위한 관리비 운영, 공용 공간과 공동체 활성화 프로그램 이용, 갈등 조정과 위반 시 조치 등 보린주택의 공동생활 전반에 관한 규칙이 담겨 있다.

관리 규약 중 노인들의 협력적인 공동생활을 가장 잘 보여 주는 것은 1인 1반장 제도이다. 반장은 '주택 관리와 주민 건강 등 분야별

보린주택 내부 시설

자료: 아이부키 홈페이지.86

로 주민들이 선출한 대표자'를 말한다. 4호 보린함께주택에는 위급 상황 등이 발생했을 때 외부 기관에 연락하는 연락반장, 주말과 명절 등 관리인이 없을 때 가가호호를 방문해서 안부를 묻는 문안인사반장, 옥상과 텃밭 이용을 관리하는 옥상반장, 수시로 주택의 시설물과 공간을 점검하고 관리인에게 문제점을 알리는 안전반장, 쓰레기 분리수거장과 공용 공간의 청결 상태를 점검하는 청소반장을 주민들이 나눠 맡고 있다. 관리 규약 제정을 도왔던 전문가는 "노인들은 고집이 세고 개성도 강하며 토론에 익숙하지 않다. 1인 1반장 제도는 그런 노인들이 작은 역할을 나눠 맡고 함께 의사결정 하는 기회를 통해

보린(保隣)은

'이웃들끼리 서로 지킨다'는 뜻으로

노인들이 모여 살면서 서로를 돌보는 집이라는

의미를 담은 브랜드다.

보린주택은

방과 화장실 등 개인 공간은 각자 이용하되,

거실과 주방 등 공용 공간은

여러 세대가 함께 이용하는 형태로 건설되었다.

소속감과 공동체 의식이 늘기를 기대한 조치였다"고 밝혔다. 이런 관리 규약은 2017년에 다른 보린주택에도 확대 적용되었다.

보린주택은 저소득층 홀몸노인을 위한 공공임대형 공동체주택으로 기존 노인 주거 정책의 한계를 개선한 사례로 인정받고 있다. 지자체와 공공기관은 기존 제도와 재원을 활용해서 민간사업자가 노인 전용 주택을 지을 수 있는 여건을 마련했다. 민간사업자는 맞춤형 설계로 기존 그룹홈과 다르게 사생활과 공동생활을 균형감 있게 존중하면서, 안전하고 경제적인 주거모델을 제시했다. 이와 함께 주거비 지원, 생활 지원 서비스, 관리 규약 등을 결합해서 노인들의 삶의 질을 종합적으로 개선한 것도 의의가 크다.

이런 보린주택은 '살던 곳에서 늙어 가기'에도 매우 적합한 모델이다. 매입임대 방식은 노인들이 원래 살고 있던 여러 지역에 공공임대주택을 분산해서 확보할 수 있다. 20세대 미만의 소규모 주택은 대형시설보다 입주 노인들이 긴밀한 공동체를 형성하고, 취약계층 주거에 대한 지역 주민의 반대를 경감하는 데도 유리하다. 생활 지원 서비스를 서울시 차원에서 제공하는 방식이 아니라, 지역사회의 다양한 공공과 민간자원을 연계하여 제공한 방식은 보린주택을 넘어 지역사회 전체가 고령친화적인 환경으로 발전하는 데에도 이바지한다.

보린주택 치매 예방 프로그램

보린미용실(월1회 자원봉사)

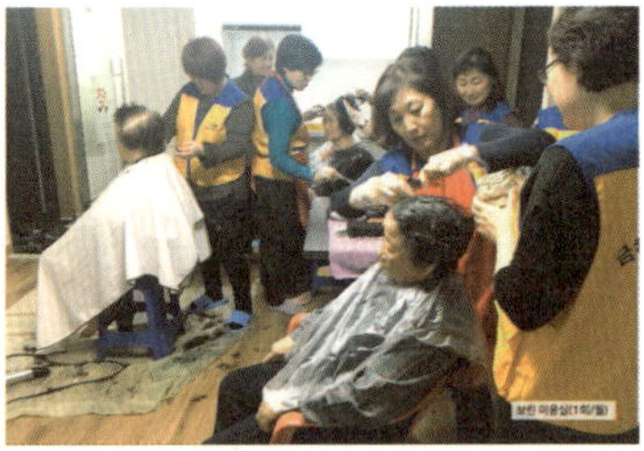

자료: 아이부키 홈페이지.[87]

인지건강 생활 환경 디자인 사업: 고령친화적 옥외 환경 디자인이 노인의 신체 활동을 촉진하다

고령친화적인 근린 환경(Age-friendly neighborhood)은 노인이 살고 있는 주거와 함께 이를 둘러싼 옥외 환경을 포함한다. 활기찬 노년(Active aging)은 신체 기능이 약해지더라도 집 안에만 머무르지 않고 집 밖으로 나와 다양한 신체적·사회적 활동에 참여하는 것을 의미하기 때문이다. 2016년 서울 노인실태조사에 따르면 서울 노인들은 하루 중 7.6시간을 집 밖[88]에서 보낸다. 이 시간이 더 안전하고 즐거우며, 줄어들지 않게 하기 위해서도 옥외 환경 개선은 고령친화 지역사회의 중요한 계획 이슈이다.

인지 저하로 익숙한 길도 헤매기 쉬운 치매 노인에게는 고령친화적인 옥외 환경이 더욱 절실하다. 한국의 등록 치매 환자 수는

2008년 21만 9,414명에서 2016년 32만 3,858명으로 8년 새 10만 명 이상이 늘어났다.[89] 서울시는 2015년 현재 치매 진단을 받은 환자 수가 6만 4,178명으로 전국 지자체 중 가장 많다.[90] 아직 요양시설에 입소하지 않아도 되는 경증 치매 노인들은 불편함과 두려움 때문에 일상생활과 바깥 활동이 위축되기 쉽고 이는 증상 악화로 이어진다. 2014년 기준 서울시 광역치매센터에 등록된 서울시 치매 노인의 62.7퍼센트는 증상이 심해진 뒤에도 전문시설이 아닌 집에 머무른다. 이런 노인들도 적절한 일상생활을 할 수 있도록 인지 저하의 특성을 고려하여 고령친화적으로 옥외 환경을 개선할 필요가 있다.

이런 배경에서 서울시는 2014년부터 인지능력이 약해진 노인들도 집 밖으로 나와 이웃과 교류하고 신체 활동을 할 수 있도록 생활환경을 개선하는 '인지건강 디자인 시범 사업'을 전국 최초로 시행했다. 이를 위해 서울시는 노인인구와 치매 고위험군 비율이 높은 자치

인지건강 생활 환경 가이드북 3종

자료: 서울시.

구를 대상으로 공모하여 대상지를 선정했고, 전문가와 주민이 참여하는 사전조사와 디자인 워크숍을 거쳐 옥외 환경 개선안을 마련했다.

이 중 가장 주목할 사례는 영등포구 신길동 공공임대아파트이다. 한국의 공공임대아파트는 거주 기간이 50년으로, 시간이 지날수록 입주민의 고령화가 심각해질 우려가 크다. 신길동 임대아파트도 2016년 현재 입주민 851명 중 65세 이상 노인 비율이 26퍼센트로 서울시 고령화율의 2배에 달했다. 신길동 임대아파트에는 '기억 키움 마을 만들기'라는 콘셉트에 따라 7개의 주요한 옥외 환경 개선 디자인이 적용됐다.

첫째, '기억둘레길'은 아파트 단지를 한 바퀴 도는 220미터 산책로다. 바닥에는 초록색으로 보행 길을 표시하고, 턱이 있는 부분은 노란색으로 구분해 안전하게 걸을 수 있도록 했다. 걷다가 힘들면 쉴 수 있도록 100미터 간격마다 1인용 벤치를 놓고, 낮은 높이로 볼라드 조명을 설치해 어두워져도 안전하게 이용할 수 있도록 했다.

기억둘레길: 인지건강 디자인 적용 전후

자료: 서울시.

둘째, '기억마당'은 아파트 뒷면에 방치돼 있던 농구장을 활용한 운동 공간이다. 한쪽 벽면에 7개의 인지건강 체조 동작을 그림으로 안내해서 쉽게 따라할 수 있도록 했고, 바닥에는 선을 따라 균형 잡기, 보행 연습 등 가벼운 신체 활동을 할 수 있게 디자인했다. 한쪽에는 걷기 운동과 지압 효과를 동시에 얻을 수 있는 지압길도 만들어 건강 증진을 위한 자연스러운 신체 활동을 촉진하고자 했다.

셋째, '기억쉼터'는 이용률이 낮고 외부인 사용으로 민원이 발생했던 정자 두 곳을 각각 '해쉼터'와 '달쉼터'라는 이름으로 개선했다. 해쉼터는 자신의 그림자로 시간을 알 수 있는 해시계를 바닥에 그리고, 단지 배치도와 나침반, 날짜와 시간을 볼 수 있는 디지털시계를 설치해서 지남력[91] 향상을 돕고자 했다. 달쉼터는 버튼을 누르면 노인들에게 익숙한 옛 가요가 흘러나오는 장치를 설치하고, 꽃이 피어 있는 화단을 조성하는 등 오감을 자극해 인지력 향상과 정서 안정에 도움을 주고자 했다.

기억마당: 인지건강 디자인 적용 전후

자료: 서울시.

넷째, '기억마루'는 획일적인 세대별 입구와 가독성이 낮은 안내 사인으로 혼란을 겪는 노인들을 위해 대비, 명도, 채도 차이를 활용해서 층별 로비의 사인을 개선한 것이다. 모든 층 벽면에 눈에 잘 띄는 색깔로 큼지막하게 층수를 표시해 구분이 쉽도록 하고, 각 층 코너에 호수와 방향을 안내하는 사인을 설치해 쉽게 집을 찾아갈 수 있도록 했다.

다섯째, '기억이정표'는 건물 배치에 따라 3개로 나눠져 있는 주차장과 출입구에 주민 의견을 반영한 해, 달, 별이라는 테마를 부여해 정체성을 차별화했다. 예컨대 '해 출입구로 들어와라', '달 주차장에서 만나자'는 식으로 세 곳을 쉽게 구분하고 인지할 수 있도록 한 것이다. 또 안전 손잡이, 미끄럼 방지 바닥, 벤치, 조명 등을 설치해 노인들이 안전하게 걸을 수 있도록 했다.

여섯째, 아파트 1층 공용 공간은 옛 기억을 추억하며 즐겁게 담소를 나눌 수 있는 '기억갤러리'를 조성했다. 경로당 노인, 아파트 부

기억이정표: 별 테마가 부여된 아파트 입구와 주차장

자료: 서울시.

녀회 등 주민참여단이 1960~1970년대 소품과 사진 등으로 직접 꾸민 공간으로 노인들이 추억을 회상하며 인지건강을 유지하고 세대 간, 이웃 간 소통이 이뤄지는 촉매가 되기를 기대했다.

일곱째, '기억우편함'은 387세대의 똑같은 우편함을 층별로 다른 색깔을 칠하고 층수를 큰 숫자로 표시해 구분하기 쉽도록 개선한 것이다. 또한 사전 신청한 50세대에는 노인이 좋아하는 그림을 일러스트 작가와 함께 그려 '기억문패'를 만들었다. 현관문에 표시된 호수로만 집을 찾느라 헷갈렸던 것이 이제는 나만의 기억으로 집을 찾을 수 있게 돼 인지력은 물론 자존감도 동시에 높아지는 계기가 됐다.

신길동 임대아파트 시범 사업은 옥외 환경 개선 효과를 실증적으로 확인하였다. 40세 이상 입주민 53명[92]을 대상으로 사업 이전(2016년 4월)과 이후(2017년 5월) 옥외 환경의 편리성(serviceability)과 만족도를 비교하고(5점 척도), 이에 따른 사회적 활동 변화를 조사한 결과는 다음과 같다.

7개 옥외 환경 디자인의 편리성은 개선 이전보다 모두 높아진 것으로 나타났다.[93] 개선 효과가 가장 큰 것은 기억이정표 중 엘리베이터 내부 층수 표시(50.0퍼센트)와 층별 로비에 세대 호수와 방향 표시(50.0퍼센트)의 가시성을 높인 것이었다. 또한 기억둘레길과 기억이정표에서 경사로 바닥에 미끄럼방지 시설을 설치한 것(47.6퍼센트), 기억쉼터(42.9퍼센트)와 기억둘레길(41.0퍼센트)에 벤치를 설치한 것에 대해서도 입주민들은 편리성이 더 좋아졌다고 느꼈다.

7개 옥외 환경 개선 결과에 대한 만족도도 이전보다 모두 높아진 것으로 나타났다. 만족도가 가장 높아진 것은 기억쉼터 중 해쉼터의 벤치(40.8퍼센트)였고, 기억우편함(36.0퍼센트), 기억쉼터 중 달쉼터(33.0퍼센트), 기억마루(31.8퍼센트) 순으로 만족도가 높았다.

사회적 활동 변화는 우선 외출 빈도가 주 5회 이상 또는 하루 5회 이상인 비교적 활발한 집단이 각각 6.7퍼센트와 16.2퍼센트씩 많아졌다. 단지 내 옥외 공간을 모임 장소로 이용한다는 응답은 49.1퍼센트에서 69.8퍼센트로 늘어났다. 단지 내 외출 장소로는 기억둘레길(32.0퍼센트), 기억쉼터(20.4퍼센트), 기억마당(18.5퍼센트) 등 시범 사업으로 개선된 곳들이 크게 늘어 옥외 환경 개선이 외출을 유도하는 효과가 있다는 사실이 확인되었다.

서울시는 이런 인지건강 디자인이 더 확산되도록 시범 사업 외에도 가이드북 제작과 배포에도 노력을 기울이고 있다. 2016년 노인들이 거주하는 주택의 실내 환경 디자인을 위한 『인지건강 주거 환경 가이드북』을 처음으로 제작했고, 2017년에는 주거 환경, 실외 환경, 시설 환경 등 3종으로 확대 제작해서 서울시 관련 기관은 물론 전국 지자체에 배포하고 있다. 실외 환경 가이드북은 인지건강 디자인 시범 사업에, 시설 환경 가이드북은 노인복지관, 데이케어센터 등 서울시 노인시설 환경 개선 사업에 가이드라인으로 활용되고 있다. 고령친화 지역사회를 만들어 가는 과정에도 디자인 가이드라인이 많은 부분에서 참고가 될 수 있을 것으로 기대된다.

쇼핑 공간의 변신:
노인의 일상생활에 편의를 더하다

초고령사회로 접어든 일본에서는 늘어나는 노인인구를 대상으로 소비시장이나 기업 비즈니스가 변모하는 사례를 쉽게 찾아볼 수 있다. 고령친화 마케팅의 대표적인 사례로 다이신 백화점이 있다. 다이신은 이동거리가 짧은 고령자를 집중 공략하는 소(小)상권 전략으로 편도 500미터를 최대 상권으로 정해 지역 주민을 대상으로 다양한 서비스를 제공하였다. 일명 '반경 500미터, 100퍼센트 주의'라고 불리는 경영전략인데, 반경 500미터 안에는 경쟁자의 시장 장악을 불허한다는 포부를 담고 있다. 실제로 일본 도쿄 오타(大田)구에 위치한 다이신 백화점은 경쟁업체인 8개 대기업들을 물리치고 6년 연속 지역 매출 1위를 차지했다.

다이신 백화점은 노인용 캐리어, 보행기, 기저귀, 노인이 선호하는 먹거리 등 다른 상점과 비교할 수 없을 정도로 다양한 고령자 맞춤 제품을 갖추어 노인들의 쇼핑 천국으로 유명했었다. 다양한 상품 중에는 다른 매장에서 볼 수 없는 구식 제품도 있었다. 예를 들면 세탁과 탈수 부분이 분리된 2조식 세탁기 같은 제품인데, 이는 최신식 기기를 다루기 힘든 노인의 특성을 고려한 것이었다. 매장 환경도 고령친화적으로 조성되었다. 거동이 불편한 노인을 위해 통로를 넓혔고, 힘들면 쉴 수 있도록 매장 곳곳에 의자를 설치했다. 회원이면 누구나 이용할 수 있는 무료 셔틀버스를 운영하였고, 버스 출발지인 5층 주차장에는 정원을 꾸며 족욕탕을 설치하였다. 이처럼 노인의 신체적 특성과 심리적 욕구에 부응하는 세심한 배려가 매장 곳곳에 스며들어 있었다.

지역밀착형 서비스는 매장 밖에서도 제공되었다. 임산부, 장애인, 70세 이상 고객이면 집까지 쇼핑 물품을 배달해 주는 서비스와, 걷기 힘든 노인을 위해 도시락 값만 받고 무료로 배달해 주는 '안전·안심 맛있는 도시락' 사업도 진행했다. 지역밀착 전략은 단순 배달에서 그치지 않고 도시락 배달 과정에서 노인의 안부를 확인하고 건강 상태에 문제가 생기면 사전 등록된 가족, 친지에게 연락해 주는 서비스를 제공하는 데까지 이어졌다.[94]

다이신 백화점은 일본 내 불경기에도 불구하고 고령친화 마케팅으로 경쟁력을 갖춘 사례로 국내에도 여러 차례 소개됐었다. 그러나 20년 이상 지속된 일본 장기불황 속에서 백화점들이 줄줄이 폐업을 했고, 결국 다이신 백화점도 52년의 역사를 뒤로하고 2016년에 폐업을 맞이하였다.

그렇지만 다이신 백화점이 취했던 것과 같은 고령친화 전략은 일본 곳곳에서 찾아볼 수 있는데, 그 대표적인 사례가 편의점의 변화이다. 일본 편의점 체인인 세븐일레븐이 발표한 업계 동향 보고서에 따르면 50세 이상 고객 비율은 1989년만 해도 9퍼센트에 불과하였지만 2013년에는 33퍼센트로 크게 늘어났다. 50대 이상 고객의 증가에 맞춰 편의점 업계 또한 노인 고객 맞춤형 쇼핑 환경 조성을 위해

이동식 편의점

자료: 로손 홈페이지.[95]

기존 편의점에서는 생각할 수 없었던 다음과 같은 다양한 변화를 시도하고 있다.

첫째는 접근성을 높였다. 대형 슈퍼마켓은 교외에 위치한 경우가 많아 이동 동선이 멀다는 한계가 있다. 이에 반해 편의점들이 노인인구가 많은 지역에 적극 진출하면서 노인들은 생활권 안에서 필요한 물품을 구입할 수 있게 되었다. 더 나아가 최근에는 쇼핑시설이 없는 지역이나 노인요양시설을 직접 찾아가는 '이동식 편의점'까지 운영되고 있다.

둘째는 노인들의 필요에 맞춘 제품으로 변화를 주었다. 노인들의 식사 해결에 도움을 주기 위해 도시락뿐 아니라 채소부터 육류, 반찬류 등을 제공한다. 이외에도 성인용 기저귀나 노인들이 선호하는 제품 코너를 별도로 갖추어 고령자 이용 편의를 높였다.[96]

셋째는 노인들에게 필요한 다양한 생활 서비스를 편의점에 접목하였다. 일례로 편의점 체인인 훼미리마트나 세븐일레븐은 혼자 살거나 집에서 밥을 해먹는 데 어려움을 겪는 노인을 대상으로 도시락을 집으로 배달해 주는데, 이때 편의점에서 파는 물건도 전화로 주문하면 함께 배달해 준다. 이외에도 집안의 가구를 버리거나 집수리를 하는 등 외부의 도움이 필요할 때 편의점에 이야기하면 해당 생활 서비스 제공 업체를 연결해 주는 서비스도 제공하고 있다. 또 다른 편의점 체인인 로손은 노인요양서비스 전문 기업인 '위즈넷'과 연계하여 편의점 안에 노인건강 상담 창구를 설치하였다. 훼미리마트는 약국과 제휴하여 '의약품 취급 편의점' 사업을 확대하고 있다.

노인 고객을 위한 고령친화적 시설과 환경을 갖춘 쇼핑 환경의 사례는 유럽에서도 찾을 수 있다. 대표적인 사례가 2003년 오스트리아 잘츠부르크에 처음으로 선보인 노인 대상 슈퍼마켓인 '에데카(Edeka) 50+'이다. '에데카 50+'는 50대 이상 은퇴자 비율이 높은 지역에 문을 열고, 노인들이 쇼핑하기 편리하게 매장을 꾸몄다. 즉 고령자의 이용 편의를 위해 일반 매장보다 선반과 계산대를 낮게 설치하고, 미끄럽지 않고 눈부심이 적은 소재를 매장 바닥에 깔았다. 또한 휠체어나 보행 보조기가 다니기 쉽도록 통로를 넓혔고, 상품 진열대에는 돋보기를 부착해 작은 글씨의 제품 설명서를 확대해서 볼 수 있도록 했다. 쇼핑 카트는 휠체어와 연결해 이용할 수 있게 하거나, 힘들 때 쉴 수 있는 노인용 의자 기능을 추가하였다. 제품은 소포장 상품 비중을 높이고 당뇨나 환자용 제품, 유기농 식품, 다이어트 식품과 애완동물 관련 코너 등 시니어들이 주로 찾는 제품 중심으로 배치하고 있다.

매장에는 혈압계 등을 갖춘 휴식 코너를 갖추고 직원들은 모두 응급 치료 교육을 정기적으로 받고 있다. 이 외에도 50세 이상 고객을 확보하기 위해 근처 은퇴자 아파트와 보호시설로 무료 셔틀버스를 운행하여 노인들이 쉽게 접근할 수 있도록 서비스를 제공한다.[97]

이들 사례는 생활 반경이 넓지 않은 노인들을 위해 지역 내 일상 생활권과 밀착한 시설이 필요함을 보여 준다. 신체 기능이 떨어지는 노인의 특성을 배려하여 내외부 환경을 설계하고, 쇼핑 공간에만 머무는 것이 아니라 건강과 생활 서비스 등 노인의 일상생활에 필수적인 기타 기능들도 복합적으로 수행할 수 있도록 도와야 한다는 것이다. 이와 같은 쇼핑 환경의 변모는 그 자체로도 의의가 있지만, 고령 친화 사회를 위해 지역이 앞으로 어떤 지점에 주목해야 하는가에도 많은 시사점을 제공하고 있다.

건강한 노후:
돌봄체계를
새롭게 바꾸다

빌리지 모델[98]: 돌봄과 생활에 필요한 모든 서비스를 전화 한 통으로 해결하다

미국의 여러 커뮤니티에서 진행되는 빌리지 모델은 나이가 들어서도 집에서 계속 살아가기 위해 필요한 돌봄과 생활 서비스를 지역 자원봉사자나 서비스 제공업체와 연결하여 지원하는 회원제 서비스 제공 모델이다. 빌리지 모델은 1999년 보스턴 비컨힐에서 시작되었다. 나이 들어서도 요양시설이 아닌 자신의 집에서 계속 살기를 희망하였던 비컨힐 주민 일부가 지역에서 서로를 돌보는 적극적인 사회 활동으로 노인들의 욕구와 필요를 해결할 수 있는 방식을 고민하였다. 하버드대 동창생 중심으로 구성된 이들 창립 멤버는 하버드대 경영대

학원의 조언을 받아 실현할 수 있는 노후 모델인 빌리지 모델을 만들게 되었다.

비컨힐 빌리지는 스태프(정규 직원)와 자원봉사자로 구성된 비영리조직이 운영하고 있다. 운영비는 후원금과 연회비로 충당된다. 서비스를 받기 위해서는 회원에 가입해야 하며, 회원 자격은 비컨힐 인근 지역에 거주하는 50세 이상 성인이다. 약 400명의 회원을 보유하고 있으며, 가구당 1,000달러 가까운 연회비를 내야 하지만 저소득층에게는 연회비를 저렴하게 부과한다.[99] 스태프는 서비스 제공업체와 자원봉사자를 심사, 훈련, 관리하는 역할을 하고 자원봉사자는 운전, 쇼핑 및 심부름, 가벼운 집안 일, 정원 가꾸기 등의 서비스를 제공한다. 자원봉사자를 검증하고 회원의 안전을 확인하기 위해 비컨힐 빌리지는 범죄 기록을 확인하고 오리엔테이션과 교육을 한다. 또한 회원이 자원봉사자에게 직접 연락하는 것이 아니라 빌리지를 통해 서비스를 요청하도록 해 제공하는 모든 서비스를 관리하고 있다. 자원봉사자가 제공할 수 없는 서비스는 주로 현지의 서비스 공급업체와 연결하여 해결한다.

비컨힐 빌리지는 다양한 프로그램과 활동에 참여하면서 자신의 집에서 도움을 받을 수 있고, 미래 준비에 대한 마음의 안정을 얻을 수 있다는 점에서 지역 주민들의 호응을 얻고 있다. 회원들은 빌리지 사무실에 전화만 하면 자신의 집에서 신뢰할 만한 업체나 자원봉사자가 제공하는 서비스를 받을 수 있다. 서비스는 크게 집안일 관리(manage household), 건강관리(stay active & healthy), 차량 서비스(get a ride)로 나뉜다. 집안일 관리로는 식사 배달, 애완견 산책, 청소, 집수리 서비스 등이 있다. 건강관리로는 헬스장 멤버십 가격 할인을 비롯하여 개인 트레이닝, 마사지, 노인성 질환 치료 등을 할인된 가격으로 이용할 수 있다. 식료품, 공항, 시내 외출 등을 위해 차량 서비스도 제공받을 수 있는데, 의사의 처방이 필요하거나 약을 타러 약국을 가는 경우에는 무료이다. 이런 서비스 이외에도 노인들의 즐거운 생활을 위해 사회·문화 프로그램을 제공하기도 한다.[100] 장보기, 병원 동행, 운동교실 등의 서비스는 자원봉사자가 무료로 제공하고, 집수리, 가정돌봄지원 등 전문적인 서비스는 전문 서비스업체를 통해 10~50퍼센트 할인된 가격으로 제공한다. 제시되어 있지 않은 서비스가 필요한 경우에도 비컨힐 빌리지에 전화하면 새로운 자원을 찾아 해결해 준다.

2006년 비컨힐 빌리지가 뉴욕 타임스에 기사화되면서, 빌리지 모델은 미국 전역은 물론이고 전 세계로까지 알려지게 되었다. 이에 따라 2010년에는 '빌리지 투 빌리지 네트워크(Village to Village Network, 이하 VtVN)'가 설립되어 다른 지역의 지속가능한 빌리지 공동체 설립과 관리를 돕는 역할을 하고 있다. VtVN에 따르면 2017년 현재 미국 내에 240개 마을이 빌리지 모델을 활발하게 사용하고 있고, 오스트레일리아, 네덜란드 등에서도 120개 이상의 마을이 생겼다.

빌리지 모델은 고령화 과정에서 직면하는 문제를 정부가 주도하는 방식이 아니라 주민 스스로가 서로를 돌보는 적극적인 사회 활동을 통해 해결책을 찾는다는 점에서 의의가 크다. 이런 방식은 노인들의 욕구와 필요에 기초해 서비스를 제공함으로써 노년기의 고립을 예방하고 시설 입소를 늦추거나 방지하는 효과가 있다. 또한 포트락 저녁식사, 북클럽, 교육 프로그램 등 다양한 사회적 활동들로 빌리지 구성원 간에 공동체 의식을 고양시킨다. 단순한 생활 서비스뿐 아니라 노인들의 인간관계를 증진시키고 새로운 노인문화를 확산한다는 것에도 의미가 있다. 하지만 빌리지 운영에서 회비가 차지하는 비중이 55퍼센트이고 나머지는 부유한 회원들의 기부금이나 후원 행사를 통해 충당해야 해서 부자 동네가 아니면 도입이 쉽지 않다는 점은 약점이다.[101]

자연발생적 은퇴자 커뮤니티 지원 서비스: 가난한 노인들도 자신의 집에서 늙어 갈 수 있도록 돕다

자연발생적 은퇴자 커뮤니티(Naturally Occurred Retirement Community, 이하 NORC)는 주택 건립 당시에는 노인들을 위한 주택으로 계획되지 않았지만 시간이 흐르면서 자택에 계속 머물던 주민들이 고령화되고, 여기에 새로 이주한 노인이 늘어나면서 노인인구 비율이 상당히 높아진 지역을 말한다.[102] 1980년 이후 미국 연방정부가 재정을 긴축하면서 신규주택 건설 지원이 줄어들었다. 이에 따라 새로운 시설로 이주하지 않고 오랫동안 살던 노후화된 주택에서 계속 거주하는 경향이 나타나면서 1985년 자연발생적 은퇴자 커뮤니티라는 용어가 생겨났다.

NORC의 대표적인 사례는 뉴욕시 맨해튼의 펜 사우스 하우스(Penn South Houses)이다. 펜 사우스 하우스에 1962년 새로 입주하였던 중산층 가족들이 1980년대 중반부터 은퇴 세대로 접어들면서 펜 사우스 하우스는 자연스럽게 노인인구가 집중된 고층 건물이 되었다. 1986년 펜 사우스 하우스 주민조합 이사회는 오래된 거주민 중 상당수가 건강이 악화되고 보건 및 사회복지 서비스를 받으러 다니기 어려워지는 등의 문제를 겪고 있음을 알게 되었다. 이에 뉴욕의 UJA(United Jewish Appeal) 연맹과 협력하여 노인들의 살던 곳에서 늙어 가기를 위해 휴먼 서비스, 헬스 케어 서비스 등을 제공하기 시작하였다. 이런 시도는 미국 최초의 NORC-SSP(Supportive Service Programs) 모델이 되었고, 미 하원은 2002년부터 2010년까지 26개 주에 위치한 50곳의 시범 SSP에 첫 3년간의 재정을 지원했다.[103]

NORC-SSP의 기본 목표는 살던 곳에서 늙어 가기, 즉 노인 거주민의 건강과 안녕을 최대화해 자신의 주거지에서 계속해서 독립적이고 편안하게 살아갈 수 있도록 하는 것이다.[104] 이를 실현하기 위해 지역사회가 가진 강점과 약점에 대한 이해를 기반으로 프로그램을 설계하고, 노인의 지역사회 참여 증진, 노인 개인 및 가족 대상의 복지 서비스, 건강 서비스를 통합한 형태로 프로그램을 설계하고 있다.

NORC-SSP는 연방정부의 지원금과 복지기관의 민간기부금을 받아 북미유대인연맹(The Jewish Federation of North America)에서 주관하고, 지역별 NORC 프로그램은 대개 커뮤니티 기반의 비영리 사회복지 단체가 운영 주체가 되어 서비스를 관리한다. 지역 운영 주체는 파트너십 구축, 재정 관리, 서비스 조율 등의 역할을 담당한다. 노인 개개인의 욕구에 대응하는 다양한 서비스를 전달하고 조율하기 위해서는 노인과 건물주 및 관리자, 지역 서비스 제공자, 재정 지원자, 여타 지역사회 파트너와 기관들이 구축하는 파트너십이 매우 중요하다.[105]

빌리지 모델과 비교하여 보면, NORC-SSP는 전통적인 보건 및 사회복지 서비스 중심이며, 유급 직원 수도 많고 정부 재정 지원 의존도도 더 높았다. 실제 NORC-SSP 참여자의 상당수가 취약계층 노인인 것으로 드러났다. 이는 NORC 프로그램이 기존 서비스 전달체계에 연계되어 있고 유급 전문가들이 일하는 모기관이 있으며, 정부 보

NORC-SSP 서비스 내용

구분	주요 내용
보건과 헬스케어	• 피트니스 프로그램, 커뮤니티 걷기 프로그램, 낙상 예방 프로그램 등 헬스케어 관리 • 혈압 검사, 영양 지원, 건강 교육 워크숍 제공 등 개인의 건강관리에 관한 교육과 정보 제공 • 미드 맨해튼, 퀸스, 브루클린 등 지역 보건의료기관과 협력 프로그램 운영 사례도 있음
생활 서비스	• 교통, 가사일, 돌봄, 단체 급식과 식사 배달 등 정보 제공 및 소개 • 집주인이 재료를 제공하면 자원봉사자가 필터 교체, 깨진 창문 교체, 페인트 도색 등 간단한 집수리 지원 • 교통 이용이 어려운 노인 대상으로 차량 운행 자원봉사자와 연계 (자원봉사자에겐 주행거리 소요시간에 따른 일정액 보상)
커뮤니티 활동	• 다양한 커뮤니티 활동 제공을 통해 지역 내 관계 구축을 통한 사회적 안전망 구축 • 지역 참여를 위한 교육 프로그램, 신체 활동, 봉사 활동, 클럽 활동 참여 지원, 이웃과 정기적 만남을 위한 워크숍 진행

자료: 북미유대인연맹 홈페이지.

2010년 미국의 NORC 분포

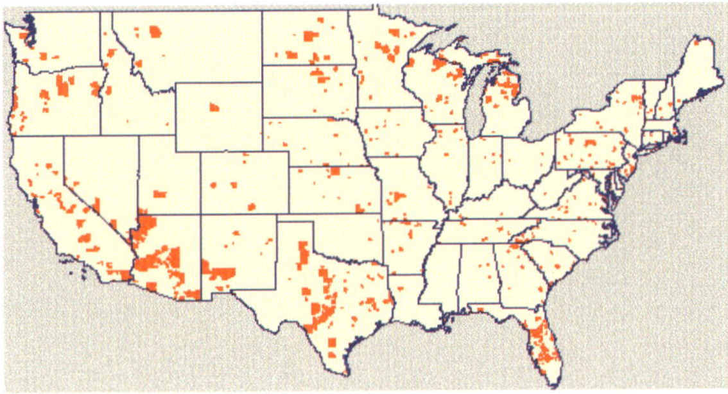

자료: NORC 홈페이지.[106]

조금을 지원받고 보건 및 사회복지 서비스를 강조하기 때문에 가능한 일이다[107]. NORC로 지정된 지역 내에 거주하는 65세 이상 노인이면 누구나 가입이 가능하다(연회비는 개인 35달러, 부부 50달러, 지불 능력이 없는 경우 면제).[108]

서클 모델: 공공복지 사각지대를 사회서비스로 채우다

서클 모델은 사회적기업인 파티서플(Participle)이 노동연금부(Department for Work & Pensions), 서더크(Southwark) 지방의회, 케이블 회사인 SKY와 파트너십을 이루어 시작한 프로젝트이다. 서클 모델이 출발한 서더크는 영국 런던 템스강 남쪽에 위치하고 있는 지역이다.

서클 모델 개발을 위해 파티서플 연구원들은 런던 남부에 거주하는 250명의 노인과 그 가족들을 참여 관찰하였으며, 그 결과 세 가지 욕구를 확인하였다. 첫째, 이들이 생활 속에서 크고 작은 일들을 해결하는 데에 누군가의 도움이 필요하다. 둘째, 이들은 더불어 사는 삶을 위하여 다른 사람들과 관계를 맺고 싶어 한다. 셋째, 이들은 무언가 배우고 자기계발을 하면서 목적이 있는 삶을 살고 싶어 한다. 이처럼 노인이 일상생활에서 어려움을 느끼는 부분에는 사소한 생활 서비스나 주민 간의 상호 유대감처럼 공공복지로 제공하기 어려운 사각지대가 존재한다. 파티서플은 정부가 제공하는 돌봄 서비스와 서비스 이용자들이 원하는 사회서비스 간에 존재하는 이와 같은 간극을 해소하기 위해 서클이라는 새로운 사회서비스 모델을 착안하였다.

서클은 지역의 사회적 관계망을 엮어 내는 지역 복지 공동체라고 할 수 있다. 50세 이상이면 누구나 자신이 살고 있는 동네 서클의 회원이 될 수 있으며, 월 회비를 낸다. 지역 주민은 나이 제한 없이 자원봉사자 또는 도우미로 등록할 수 있다. 서클의 스태프들은 회원과 도우미를 연결하거나 회원을 다른 회원과 연결하여 다양한 프로그램에 참여할 수 있도록 중간 역할을 한다. 도우미로 등록할 경우 자신이 돕고자 하는 구체적인 내용을 알리고 무료 자원봉사자로 활동하거나 시간에 따라 대가를 받을 수 있다. 유급 서비스는 최저급여 수준에 기초하여 임금이 지급된다. 서클 회원도 도우미가 될 수 있는데, 서더크 서클은 회원의 약 3분의 1이 도우미로 활동하고 있다. 노인을 사회서비스의 수혜자로만 보는 것이 아니라 스스로 돕고 서로를 돕는 주체

적인 존재로 보고 있다는 것을 알 수 있다.[109]

도움이 필요할 때 전화 또는 이메일로 자신의 지역 서클에 연락하면 지역사회 네트워크를 이용해 문제를 해결해 준다. 예를 들면 정원 손질에 도움이 필요하면 게릴라 가드너를 연결해 주고, 집수리가 필요하거나 고장 난 기계가 있으면 동네 목수를 연결해 준다. 또한 병원에서 퇴원 후 돌봄이 필요하면 자녀 대신 정기적으로 체크해 줄 수 있는 이웃을 소개해 준다. 이외에도 가이드 산책, 관광, 공예, 음악공연 등 공통 관심사를 가진 회원들이 클럽을 만들 수 있도록 지원한다. 또한 택시회사, 살롱, 카페, 레스토랑, 마사지 숍, 볼링장 등 다양한 업체들과 연계하여 회원들이 이들 업체를 이용할 때 서클 회원카드를 제시하면 할인 혜택을 받을 수 있다.

영국에서는 2009년 서더크 서클 설립을 시작으로 2013년까지 7개의 서클이 생겼지만 2017년 현재 HMR(Heywood Middleton & Rochdale Circle)만 운영되고 있다. 서더크 서클은 서더크 지방의회로부터 3년 동안 1백만 파운드의 보조금을 받아 운영되었으나 예산 삭감 이후 2014년에 재정난으로 중단하였다. HMR 서클의 회원은 570여 명으로, 이 중 400명 이상이 적극 활동하고 있다. 4인의 스태프가 서클 운영을 나누어 담당하고 있으며, 도우미와 자원봉사자에 대해서도 자체 훈련과 교육을 진행하고 있다.

영국의 HMR 서클

자료: HMR 서클 홈페이지.110

광진구 돌봄 클러스터[111]: 사회적경제로 지역사회의 통합적인 노인 돌봄을 시도하다

살던 곳에서 늙어 가기를 위해서는 노인들이 일상생활에 필요한 다양한 돌봄 서비스를 적절하게 제공받을 수 있어야 한다. 서울의 노인들은 주로 국가가 제공한 바우처로 민간업체의 식사, 청소, 빨래, 간병 등의 돌봄 서비스를 이용한다. 하지만 이런 민간 서비스는 질이 낮고 정서적 유대가 부족해 노인들의 욕구를 만족시키는 데 한계가 있다. 서울 광진구의 사회적경제 특구 사업[112]인 '돌봄 클러스터'는 사회적경제와 마을공동체를 기반으로 통합적인 노인 돌봄 서비스를 제공하고 있어 고령친화 지역사회 전략으로 주목을 받고 있다.

광진구 돌봄 특구 사업 추진단의 주축은 광진협동사회적경제네트워크(이하 광사넷)다. 광사넷은 광진구에 소재한 사회적경제 조직과 마을공동체 단체들이 참여하는 네트워크형 사회적협동조합으로 2014년 17개 조직으로 출범해서 2017년 현재는 39개 조직, 690명 종사자, 2,000명의 조합원으로 규모가 크게 늘어났다.

광사넷의 회원 단체 중에는 오래전부터 지역사회 돌봄 서비스를 제공하는 사회적기업이 많았다. 이에 따라 광사넷의 목표는 유사한 활동과 서비스를 제공하는 회원 단체들이 협동과 연대로 광진구의 사회적경제 생태계를 조성하고 마을공동체를 활성화하는 것이었다. 이를 통해 회원 단체들이 판로를 걱정하는 대신 어려운 이웃을 살피는 행복한 지역사회를 만들고자 했다. 이 목표를 실현하는 구체적인 선략으로 제시된 것이 사회적경제 특구 사업에 신청한 돌봄 클러스터였다.

광사넷의 돌봄 클러스터는 생애 주기별 통합 돌봄 서비스 구축을 목표로 하지만, 출발은 노인 돌봄이었다. 서울의 기존 노인 돌봄 서비스는 다음과 같은 문제점들이 있었다. 첫째, 고령화와 가족 구성 변화로 노인 돌봄 서비스 수요는 증가했지만, 공급되는 서비스는 질이 낮았다. 돌봄 서비스 노동시장 규모는 2017년 현재 64만 3,346명으로 추산되는데, 이 중 공공서비스 비율은 매우 적고 대부분 영세한 민간업체여서 인력과 서비스의 질이 제대로 관리되지 못했다. 둘째, 노인 돌봄 서비스는 수요자의 필요가 아닌 공급자의 구분에 따라 분절적으로 제공되고 있었다. 시설, 재가요양, 위생청소, 영양식, 정서 서비스 등을 제공하는 업체가 각각 달랐던 것이다. 이런 상황에서 광사넷은 사회적기업들이 연합해 공공성과 사회적 책임을 갖춘 노인 돌봄 사업 모델을 도입하면 성공할 수 있다고 판단했다.

광사넷은 이런 사업 모델을 추진하는 데 유리한 점들이 있었다. 첫째, 노인 돌봄 서비스 경험과 역량을 갖춘 회원 단체들이 많았다. 보건복지부 지정 전국 최초 사회적협동조합인 '도우누리'는 2008년부터 노인들의 목욕, 가사, 외출, 말벗 등 다양한 생활 지원 서비스를 제공해 왔다. 2011년 설립된 '복지유니온'은 노인들도 먹기 쉽고 영양가 높은 고령친화식품을 개발, 판매하고 노인 영양사정(nutrition assessment)과 소규모 복지시설 급식의 영양 컨설팅을 제공하는 사회적기업이다. '인스케어코어'는 가정청소, 위생관리, 해충방재 등 홈클리닝 전문 사회적기업이다. '한국아동국악교육협회'는 국악을 이용한 정서형 돌봄 및 치유 프로그램을, '시니어협동조합'은 노인 인력과 강사를 양성하는 교육 프로그램을 운영하고 있었다.

둘째, 광사넷은 회원 단체 간의 협력과 연대로 개별 서비스를 발전시키는 동시에 통합 돌봄 서비스를 구축할 수 있었다. 회원 단체들

돌봄 서비스 관련 도우누리 공급 점유율

구분	방문 요양	노인 돌봄	가사 간병	장애인 활동	소계
전체 이용자(명)	981	94	18	384	1,477
도우누리 이용자(명)	38	36	13	107	194
공급 점유율(%)	3.9	38.3	72.2	27.9	13.1

은 서로 전문성과 노하우를 공유해 각자의 서비스를 개선하거나 새로운 돌봄 서비스를 개발하기도 했다. 또한 다양한 서비스를 통합함으로써 규모의 경제를 갖추는 것은 물론, 수요자 니즈에 부응하는 원스톱 서비스를 제공할 수 있었다.

셋째, 광사넷은 새로운 노인 돌봄 서비스의 수요층을 사전에 확보하고 있었다. 2017년 광진구 내 공공부문 노인 돌봄 서비스 규모는 1,477명 정도인데 이 중 도우누리의 점유율이 13.1퍼센트를 차지했다. 200명가량의 도우누리 회원들은 돌봄 클러스터의 새로운 서비스를 이용할 잠재적인 고객이었던 셈이다.

2016년부터 2년간 돌봄 클러스터의 통합 노인 서비스 제공 실적

2016~2017년 돌봄 클러스터 통합 노인 서비스 제공 실적

서비스 구분		제공 실적	서비스 내용
① **수발 돌봄**	생활 지원 서비스	5명 174시간	• 요양보호사 방문, 월36시간 이내 • 신체 활동, 가사 관리, 일상생활 지원 등
② **영양 돌봄**	영양 서비스	109명 2,079개	• 연하도움/환자식 17종 300g(300kcal) • 주1회 7팩 3개월 배달 • 영양사 월1회 방문, 영양사정 및 상담
③ **위생 돌봄**	청소 서비스	79명 212건	• 청소 전문 위생 환경 관리인 2~4명 • 친환경 세제와 고온 스팀 청소도구 이용 • 먼지 오염 제거 및 멸균, 광택 처리 등
	세탁 서비스	24명 85건	• 물세탁 가능한 이불 빨래 서비스 (차량 수거-세탁-가정 배달)
④ **정서 돌봄**	정서 서비스	33명 147회차	• 민요, 장구, 우쿨렐레 등 음악 활동, 인생 매듭별 회상 등 창의 활동 • 주1회 3개월 12회차
합계		250명 / 2,697건	

열린밥상은
영양사 매니저 주도로
균형 잡힌 식단을 판매하는 식당이다.
복지 사각지대에 놓인 노인들에게
건강식을 저렴하게 제공하면서
돌봄 서비스를 알리고 연결해 줌으로써
사회적 비용이 더 지출되기 전에
개입하는 예방적 돌봄 전략인 것이다.

은 다음과 같다.

광진구 돌봄 특구 사업 추진단의 목표는 '지역 기반의 공동 돌봄 서비스 구축'이었다. 추진단은 본격적인 사업에 앞서 2015년 노인과 부양가족의 수요를 조사했다. 조사 결과, 식사가 가장 큰 문제였다. 노인 1~2인 가구는 매 끼니를 제대로 챙겨 먹기 힘들다는 응답이 많았다. 그래서 통합 돌봄 서비스를 제공하는 회원 단체들이 협력해서 만든 것이 건강식과 함께 지역 돌봄 서비스를 제공하는 복합 공간인 열린밥상이었다.

열린밥상은 영양사 매니저 주도로 균형 잡힌 식단을 판매하는 식당이다. 돌봄 클러스터 소속 단체들의 통합 돌봄 서비스를 제공하는 플랫폼이기도 하다. 또한 식사 시간 외에는 지역 주민들에게 개방해 소모임, 문화 활동, 행사 등을 위한 공동체 공간으로도 쓰인다. 복지 사각지대에 놓인 노인들에게 건강식을 저렴하게 제공하면서 돌봄 서비스를 알리고 연결해 줌으로써 사회적 비용이 더 지출되기 전에 개입하는 예방적 돌봄 전략인 것이다. 또한 식사를 매개로 노인과 노인이, 노인과 다른 세대가 어울려 지역공동체가 형성되기를 기대한 것이다.

열린밥상은 도우누리와 복지유니온이 입주한 건물 1층에 있다. 130제곱미터(40평) 규모로 70석의 식사 공간, 뷔페식 배식 공간, 개방형 조리실, 고령친화식품 판매대, 야외 테라스로 구성되어 있다. 열린밥상의 기능은 크게 식당, 서비스 플랫폼, 교육센터로 나뉜다. 식당은 점심에 영양돌봄식사를 판매한다. 노인은 4,000원, 일반인은

7,000원에 밥, 국, 7가지 이상의 반찬을 먹을 수 있다. 노인 외에도 광사넷 회원 단체 종사자, 인근 기업과 학교, 성당의 다양한 연령층들이 함께 이용해서 세대 통합적인 사회적 교류가 활발하게 이뤄진다. 서비스 플랫폼은 노인들에게 복지유니온이 생산한 다양한 고령친화식품을 판매하고, 영양 상담 등 통합 돌봄 서비스를 쉽게 이용할 수 있도록 정보를 제공한다. 교육센터는 돌봄 클러스터 서비스를 수행하는 노노(老老)-케어 건강 컨설턴트와 고령친화식품 조리 전문가 양성 프로그램을 운영하고 노인 일자리 창출에도 기여한다.

열린밥상은 광사넷 회원 단체, 지역 복지협의회, 인근 초등학교, 기업, 성당 등 지역사회에 적극적으로 홍보해서 개업 초기부터 이용자를 많이 모을 수 있었다. 2017년 현재 노인 회원은 600명이고 하루 70명 정도가 이용한다. 하루 전체 이용자는 300명 이상이다. 열린밥상을 이용하는 노인 중에는 1~2인 가구가 많고, 씹기 쉽고 맛과 영양을 갖춘 식사에 만족도가 높다. 무엇보다 기존 노인복지시설 식당과 달리 젊은 사람들도 함께 이용하면서 분위기가 밝고 활기찬 점에

열린밥상 전경

고령친화식품 판매/영양상담 카운터

자료: 서울특별시 사회적경제지원센터 뉴스레터 세모편지.

대한 만족도가 매우 높다.

광진구 돌봄 클러스터는 살던 곳에서 늙어 가기에 필수적인 노인의 일상생활 지원 서비스를 사회적경제와 마을공동체를 기반으로 국가와 시장과 차별화된 지역사회형 모델로 제시했다는 차원에서 의미가 있다. 각자 노인 돌봄 서비스를 제공하던 사회적기업들이 협의체를 구성해 노인의 필요에 부응하는 질 높은 원스톱 서비스를 구축한 전략은 다른 지역들도 참고할 만하다.

사회적경제는 생산과 이용에 참여하는 지역사회 구성원이 늘어날수록 발전한다. 광진구 돌봄 특구 사업은 1년 차에는 돌봄 서비스를 직접 이용하는 노인층 600여 명을, 2년 차에는 광사넷 종사자와 회원 등 2,500여 명을 타깃으로 한다. 3년 차에는 열린밥상을 이용하는 다양한 지역 주민들을 1만 명까지 회원으로 영입하는 것을 목표로 하고 있다. 돌봄 서비스의 이용 대상을 노인에 한정하지 않고 1인 가구, 결식아동 등 더 넓은 생애주기로 확대하겠다는 것이다. 이 과정에서 노인들은 다른 세대들과 더 많이 교류할 기회를 갖게 되고, 돌봄 서비스를 제공하는 주체가 되기도 할 것이다. 이런 시도는 광진구 돌봄 클러스터가 세계보건기구 고령친화도시 가이드라인이 강조하는 세대 통합적 접근과 노인의 사회적 참여 측면에서도 어떻게 발전할지 결과가 기대되는 대목이다.

활기찬 생활:
독립적이고 조화로운
노년을 위하여

성북구 장수마을 : 마을 환경 개선하여 주민공동체 만들다

성북구 삼선동 서울 성곽 아래 위치한 장수마을은 거주민 약 300세대 중 60세 이상이 65퍼센트가 넘는 초고령 마을이다. 거주민의 과반수가 20년 이상 거주하는 장기 거주자들이다 보니 자연적으로 이웃들끼리 서로 도와주는 유대 관계가 살아 있는 곳이기도 하다. 장수마을은 한국전쟁 후 서울로 몰려든 사람들이 움막이나 판잣집을 지으면서 형성되기 시작하였으며, 1960~1970년대에 이들 무허가주택을 양성화하면서 현재와 같은 모습이 되었다고 한다.[113] 산비탈에 위치한 이 마을은 점차 노후화되었으며 2004년에 재개발 예정 구역으로 지정되면서 거의 모든 개보수가 중단되었다. 마을에 사는 사람들은 세입자가 많았고, 재개발을 기대하는 집주인 입장에서는 굳이 집을 수리할 필요가 없었던 것이다. 그러나 문화재인 서울성곽 아래 위치한 점, 국공유지 변상금 문제 등 제약요인이 많아 재개발 사업은 실현되지 않았고, 지역은 더욱 낙후되었다.

이런 상황에 변화가 시작된 것은 2008년도에 대안개발연구모임이 결성되면서부터이다. 이들은 이 지역에는 물리적 환경을 획일화시키는 기존의 전면철거 재개발 방식이 아니라 대안적 방식이 필요하다고 생각했다. 중요한 것은 장수마을의 대안적 개발방식을 논의하기 시작한 시점부터 주민공동체 형성을 염두에 두고 있었다는 점이다. 대안개발연구모임은 주민설명회와 워크숍, 주민총회 등을 개최하여 주민들과 함께 환경 개선 방향에 대한 의견을 모았으며, 모임에 참석하지 못한 주민들의 의견을 듣기 위해 주민 통신원을 선출하여 노인들이 많이 모이는 장소를 찾아가 조사하기도 하였다. 그 결과 2009년에 주민협의회가 결성되었으며 대안개발모임과 함께 장수마을에 적합한 개발방식을 모색하게 되었다. 이는 주거 환경 개선 사업과 경관협정을 결합한 방식으로, 기반시설이나 공동이용시설은 공공지원을 받되 개별 건축물은 경관협정을 지키는 조건으로 일부 공공지원과 자체재원으로 신축이나 개축을 하는 것이었다.

2010년에는 주민자치회와 대안개발연구모임이 공동으로 온라인 카페 '장수마을 주민사랑방'을 개설하여 마을소식지를 게재하고 마을과 관련한 각종 사안들을 공유하기 시작하였다. 2011년에는 주민들 중 목수 경험이 있는 노인들을 주축으로 마을기업 '동네목수'를 설립하여 성북구청과 업무협약을 체결하고 집수리 사업을 진행하였다. 노인들이 생활하기 편리하도록 집 안에 높낮이차를 없애고 낡은 곳을 수리하였으며, 골목길의 가파른 계단에는 안전 손잡이를 달았다. 이외에도 하수관 정비, 마을사랑방과 마을박물관 설립 등 공공시설 공사를 하였다. 또한 동네목수와 대안개발연구모임이 함께 어린이 사진 교실, 집수리 교실, 골목디자인 교실, 건강 교실 등 주민공동체 활성화를 위한 주민참여형 마을학교를 운영하였다. 2012년부터 2013년까지 주거 환경관리 사업으로 27억 1천만 원을 지원받아 환경 개선 사업에 활용하였다.

연구진이 2017년 방문했을 때, 장수마을 집수리 사업 프로젝트는 종료되었고 동네목수도 폐업한 상태였다. 그간의 사업으로 물리적 환경 개선은 어느 정도 일단락되었기 때문이다. 그러나 주민협의회는 활동을 지속하며 마을 노인들이 참여하는 다양한 활동들을 기획하여 주민공동체 형성을 위해 노력하고 있었다. 주민협의회에서 공모 사업에 응모하여 프로그램을 운영하기도 하였는데, 그중 하나는 마을 노인들이 마을사랑방에서 인형과 한지 등 만들기 수업을 진행한 것이다. 이를 위해 지역 예술가를 섭외하여 만들기 교육을 진행하는 한편, 제품의 완성도를 높이는 데 도움을 받았으며, 이렇게 만들어진 제품은 판매하여 수익을 올리기도 하였다. 고령화마을에서 지속가능한 주민공동체를 형성하기 위해서는 지역사회 내에서 노인들이 안정적으로 수입을 올릴 수 있는 구조가 필요하다는 판단하에 마을 노인들이 참여할 수 있는 지속가능한 커뮤니티 비즈니스 모델도 고민 중이다. 현재는 지역 예술가와 함께 작품을 생산하여 판매하는 것이 일회성 이벤트에 그치고 있지만, 안정적인 판로를 확보하면 지속가능성을 가질 수 있을 것이다.

그렇지만 장수마을 주민협의회장은 경제적 문제 이전에 무엇보다도 지역사회 내에서 노인의 역할과 자부심이 우선되어야 함을 강조한다.

“

어르신들의 참여가 강요로 이루어지면 안 되는 거예요. 내가 필요하고 가족이나 마을에 도움이 된다는 스토리가 필요해요. 일자리를 창출한다고 해서 소득을 만들어 준다 이런 게 아니라 '마을을 위해서 가족을 위해서 일한다' 이런 게 있어야 한다는 거죠.

”

장수마을 주민협의회장 고(故) 배정학

공동체 차원에서 노인에게 어떤 역할과 가치가 부여될 때 노인은 자부심을 가지고 지역사회에 적극적이고 능동적인 주체로 참여한다는 말이다. 그러나 이와 동시에 지속가능한 고령친화 마을은 노인의 힘만으로 만들어지기는 어렵다는 점도 분명히 하였다. 장수마을에는 80세 이상 노인들이 많다 보니, 대부분 참여는 가능해도 참신한 아이디어를 내고 역동적으로 다른 지역과 교류하는 일에는 젊은 층이 필요하다는 것을 경험으로 알게 된 것이다. 장수마을에서는 주민협의회장이 주민공동체 사업을 기획하고 운영하며, 협업할 수 있는 젊은 층을 지역으로 유입시킬 수 있는 아이디어를 모으는 매개 역할을 하고 있었다. 예를 들면 마을 내 빈집을 수리하여 외부에서 들어오는 젊은 예술가들에게 저렴한 임대료로 제공할 수 있도록 집주인을 설득하고, 이렇게 하여 마을에 들어온 젊은 예술가들이 노인들과 공동으로 마을 사업을 추진할 수 있도록 연결하는 것이다.

“

고령화사회에서 고령마을의 경제적인 재생이나 일자리 창출에 있어서도 집주인과 세입자에 국한되는 것이 아니라 마을에 들어와서 고령마을에 일정한 역할을 하는 사람들에게 인센티브를 줄 수 있는 방안들이 마련되어야 하는 거죠. … 고령화마을에 젊은 층들을 연결해 주는 연결고리가 정책적으로 필요하다고 생각해요. … 마을에 계속 움직임이 있어야 해요. 고령화사회의 일자리 부분이나 생활 서비스 부분에 대한 접근도 필요하지만, 한 분야에만 집중하는 게 아니라 주거, 돌봄, 의료 등의 문제에 대한 종합적 접근이 필요해요.

”

장수마을 주민협의회장 고(故) 배정학

이처럼 장수마을의 사례는 고령친화 지역사회가 지속가능하기 위해서는 물리적 환경 개선과 공동체 형성이 함께 디자인되어야 하

장수마을 계단 손잡이

장수마을 마을사랑방

마을미디어교육생 모집

자료: 서울연구원(좌우 사진), 현대사디지털 아카이브(중간 사진).

며, 노인의 일상생활과 관련한 제반 요소들이 종합적으로 검토되어야 함을 보여 주었다. 또한 여러 세대가 공존하는 가운데, 노인은 보살핌을 받는 수동적인 존재가 아니라 지역사회를 위해 기여하는 능동적인 역할을 수행할 수 있어야 함을 다시금 깨닫게 하였다.

칠곡군 늘배움학교:
배움이 있는 한 노년이 아름답다

칠곡군은 평생학습특별시라는 별칭이 있을 정도로 평생학습 인프라가 잘 구축되어 있다. 2000년 교육문화복지회관이 개관되면서 칠곡군의 평생교육이 체계적으로 운영되기 시작하였다. 그중 칠곡군 성인 문해교육은 2006년 왜관읍 금남2리 매봉서당에서 처음 시작한

후 2016년까지 22곳에서 운영되고 있다. 칠곡군의 성인 문해교육은 기존의 센터 중심 교육과 많은 부분이 다르다. 먼저 교통이 불편한 농촌 지역의 특성을 고려해 강사가 마을을 직접 찾아갔다. 노인들이 글을 모른다는 수치심을 느끼지 않도록 한글학교라는 이름 대신 '칠곡 늘배움학교'라고 하고, 한글을 모르는 사람만 수업을 듣는다는 이미지를 없애기 위해 한글 공부 외에 마을 사람을 모아 요가·체조·노래 같은 프로그램도 진행하였다.

이렇게 시작한 한글 문해교육은 시 창작 교육으로 이어졌고, 할머니들이 지은 시는 2016년 『시가 뭐고?』와 2017년 『콩이나 쪼매 심고 놀지머』라는 시집으로 출간되었다. 할머니들의 시는 노인들의 생활과 삶의 역사를 꾸밈없이 녹여 내어 대중들에게 감동을 선사했다. 시 창작에 이어 어로리에서는 75세 할머니 12명으로 구성된 '보람할매극단'을 창단하여 2015년 실버문화페스티벌에서 최우수상을 받기도 하였다.

시인이 된 칠곡 할머니들의 이야기는 다큐멘터리 영화 〈칠곡가시나들〉로 제작되어 2019년에 개봉되었다. 팔순 넘은 나이에 머리 아프게 공부는 왜 하느냐는 자식들의 만류에도 불구하고 할머니들은 한글을 익히고 시를 쓴다. 스스로 성장하는 가운데 세상과 소통하며 삶의 재미를 느낄 수 있기 때문이다. 읍내 가게의 간판을 읽고 멀리 사는 아들에게 편지를 쓰며 커다란 무대에서 시를 낭송하는 자신의 모습은 평생 까막눈으로 살던 이들로서는 엄청난 자부심이 된다. 자신의 모습을 남편에게 자랑하고 싶지만, 아쉽게도 남편은 이 세상에 없다.

스스로 시인이 되고 배우가 되는 참여형 문화예술교육은 노인들의 자존감을 높이고 젊은 세대와 소통하는 기회를 만들며 지역공동체를 활성화하는 등 다양한 효과를 낳을 수 있다. 이런 성과를 내기 위해서는 앞서 장수마을의 마을협의회장과 같은 매개자의 역할이 중요한데, 칠곡 늘배움학교에서는 강사들이 그 역할을 하고 있다. 이들은 단순한 교육자 역할뿐만 아니라 주민과 주민을 연결하는 촉진자이자, 노인들이 스스로 자신의 이야기를 연출할 수 있도록 돕는 스토리텔러의 역할을 맡는다.[114] 수업이 없는 날에는 노인 학생들 집을 방문하여 안부를 챙기고, 아픈 노인이 있으면 병문안을 가며 소통의 끈을 놓지 않는다. 이처럼 늘배움학교에서 강사는 노인들의 삶에 관한 이해를 바탕으로 노인들의 참여를 이끌어 내는 역할을 해내야 한다. 그래서 지역에 뿌리내린 사람이 필요하다는 판단하에, 늘배움학교는

칠곡 할매 시집

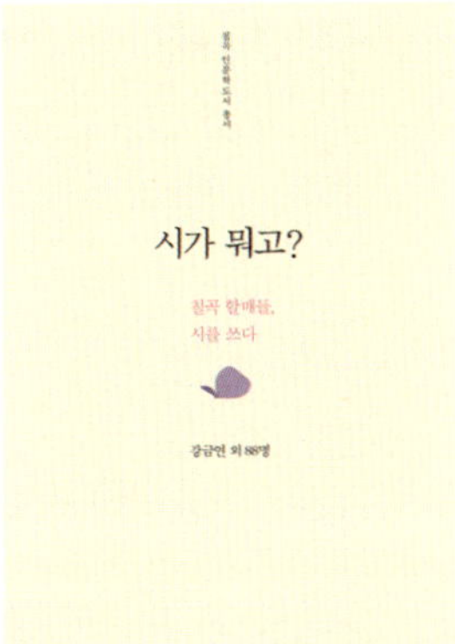

칠곡군 어로리 보람할매연극단

자료: 칠곡군홈페이지(칠곡알리미).

칠곡군에 거주하고 칠곡교육문화회관에서 운영하는 평생학습대학 출신자 중에서 주민강사를 선발하고 있다.

마을회관에서 늘배움학교를 운영하면서 거둔 또 하나의 성과는 이전에는 자물쇠로 잠겨 있던 마을회관이 마을 사람이 모이는 주민 공간으로 변화한 것이다. 매주 두 번씩 수업이 있는 날이면 마을회관에서 같이 밥을 지어먹고 공부하고 프로그램을 진행하다 보니 자연스레 주민들이 모였고, 한글 수업이 있는 날이면 마을 이장까지 참석해 마을의 주요 안건을 논의하고 마을 행사를 공지하는 등 주민자치 공간으로 발전하게 되었다.

칠곡 늘배움학교 강사들은

수업이 없는 날에는

노인 학생들 집을 방문하여 안부를 챙기고,

아픈 노인이 있으면

병문안을 가며 소통의 끈을 놓지 않는다.

마을기업 '키득키득'과 협동조합 '민들레워커'[115]: 노인을 위한 최고의 복지는 일자리

성북구 길음동에 소재한 '키득키득'은 경력 단절 여성들이 주축이 되어 만든 마을기업이다. 초창기에는 2012년 주5일 수업제가 전면 실시되면서 어린이 대상 문화예술교육을 중심으로 운영하고 있었다. 2014년 길음복지관으로부터 어르신 일자리 사업과 연계를 제안 받은 뒤, '키득키득'은 주민들과 아이들에게 안전한 간식과 음료를 제공하는 카페를 운영하기 시작했다. 카페는 주민운영위원회에서 운영하는 주민 커뮤니티 시설인 길음소리마을센터 1층에 위치하고 있다.

마을기업 키득키득에는 2017년 현재 15명의 노인이 1인당 주 2회, 하루 3~4시간씩 근무를 하고 있으며, 월 평균 21만 원 정도의 급여를 받는다. 어르신 일자리 사업 지원금으로 노인 1인당 5만 원의 보조금을 받고 나머지는 카페 수익에서 충당하는 구조이다. 키득키득은 노인에게 적합한 일자리를 만들기 위해 기교가 많이 들어가는 예쁜 모양의 베이커리나 음료보다는 노인들이 만들기에 부담이 없는 메뉴로 카페를 운영하고 있다. 근무하는 노인들은 모두 여성인데, 평생 주부로 살다가 매일 출근하는 직업을 가졌다는 사실에 무척 자부심을 느낀다고 한다.

마을기업 키득키득은 지역의 기관과 다양한 주체들이 협업하여 안정적 운영 구조를 마련하였다. 길음복지관은 정부의 어르신일자리 사업을 관리하고 보조금을 지급한다. 지역에서 베이킹을 전문으로 배운 엄마들이 결합하여 메뉴를 개발하고 어르신들 교육을 돕고 있다. 또한 안전한 농산물을 부엌까지 공급하는 성북구 친환경마을부엌협동조합이 함께하여 카페 매장 내 친환경 농산물 및 제품 판매장을 만들었다. 성북구 친환경마을부엌협동조합은 판매장을 만드는 조건으로 인테리어 비용을 지불하였다.

키득키득 카페는 지역에 안전한 먹거리를 제공하고 노인 일자리를 창출하는 성과를 보였지만 한계도 있다. 카페가 어르신일자리 지원 사업 차원에서 운영되다 보니 많은 노인들이 조금씩 일을 나눠 가지는 구조이다. 따라서 전문성을 갖추기 힘들뿐더러, 생계비가 필요한 노인에게는 급여 수준이 너무 낮다는 한계가 있다.

"

복지관 입장에서는 일자리를 늘리는 게 중요한 거예요. 저는 (일하는 어르신들 수가 줄더라도) 시간도 좀 오래하시고 월 50만 원 정도 급여를 주면 좋을 거라 생각해요. 더 일을 하고 싶어도 그 기준에 맞춰서 끊어버리니까요. … 일하시는 어르신들께서도 한 분야에서 전문가라는 생각이 생겨야 좋은데 여기는 3~4시간씩 일주일에 몇 번 밖에 안 나오시니까 다 단절되는 거예요.

"

마을기업 키득키득 대표 성낙경

마을기업 키득키득 카페

자료: 성북구청 공식 블로그.

금천구 민들레워커는 시흥5동에서 시작된 여성친화마을 만들기 사업을 계기로 설립되었다. 2012년 사업 대상지였던 시흥5동 218번지 일대는 여성 홀몸노인 인구 비율이 높은 곳이었다. 재정비촉진지구로 지정은 되었지만 사업이 진행되지 않아 공터에 쓰레기만 가득 차 있을 정도로 안전과 위생 문제가 심각했다. 이 문제를 해결하고자 환경 개선 운동단체인 '숲지기강지기'를 중심으로 10개 기관·단체가 협력하여 마을 환경 개선 활동을 시작하였다. 3톤에 달하는 쓰레기와 폐기물을 치우는 것을 시작으로 벽화 그리기, 마을 텃밭 만들기 등을 진행하면서 '암탉우는마을'이란 명칭을 달았다. 환경 개선 활동에 이어 홀몸노인을 위한 생일잔치와 지역 어린이 대상 문화예술체험 활동을 진행하였다.

마을 환경이 개선된 이후에도 숲지기강지기와 마을 노인들은 음식물 쓰레기로 지렁이를 키우거나, 나무심기, 자투리 천과 폐품으로 생활용품을 만드는 생활실천운동을 이어 갔다. 마을 만들기 지원 사업이 종료된 이후, 마을 스스로 마을을 관리하고 홀몸노인과 경력 단절 여성의 일자리 마련을 목적으로 마을기업 '민들레워커협동조합'을 설립하였다. 민들레워커는 많은 씨앗을 퍼트린다는 상징적 의미의 민들레에 네트워크(network)의 워크, 함께 일하는 사람(worker), 함께 걷는 사람(walker)이라는 의미를 함께 담고 있다.

> 지원을 받지 않고 유지할 수 있는 방법이 뭘까 하는 생각이 들었어요. 제가 어르신들과 1년 동안 사업을 하면서 최선의 복지는 일자리다 하는 생각이 들더라고요. 무작정 지원을 해줬다고 해서 뿌듯한 것이 아니라 이분들이 지금까지 일하셨던 경험이 다 있으니까. … 정규직은 아니지만 집에서나 어디에서나 일을 할 수 있도록 일거리를 제공하는 것이 최선의 복지라는 생각이 들었어요.

민들레워커협동조합 대표 김혜숙

민들레워커협동조합은 환경단체에서 진행하고 있던 원예공방 사업과 여성 노인이 참여하기 좋은 솜씨공방 사업으로 시작하였고, 현재 금천구청 1층에 카페와 공방숍을 운영하고 있다. 조합원은 26명으로 할머니 5명과 경력 단절 여성 위주로 구성되어 있다. 조합원과 조합원 가족을 대상으로 수공예와 원예기술, 바리스타 교육을 제공하고 있다. 할머니들은 조경 사업과 수공예 제품을 만드는 일에 참

공정무역가게 민들레

암탉우는마을에 위치한 민들레 솜씨공방

자료: 서울연구원.

여하고 월 평균 약 20만 원의 수입을 얻는다.

민들레워커는 노인 일자리 제공 외에도 수익금으로 마을공동체 활동을 하고 있다. 조합원 소속 노인들을 포함하여 마을 노인들과 함께 식사하는 자리를 마련하고, 노인과 어린이를 대상으로 세대 간 소통 문화 프로그램 등을 진행하고 있다.

광주광역시 광산구 더불어락 노인복지관[116]: 노인이 지역자치의 주체로 나서다

광주광역시 광산구 노인복지관인 '더불어락' 복지관은 2005년 4월 개관하여 일반 노인복지관처럼 운영되어 오다가 2011년 위탁단체가 재위탁을 포기한 이후 구립 공영시설로 전환하면서 운영에 다양한 변화를 가져왔다. 더불어락은 복지관을 이용하는 노인들 스스로가 운영의 주체로 참여하며, 노인복지관이지만 노인만을 위한 복지시설이 아닌 마을공동체 거점 공간으로 자리 잡았다. 낮에는 노인복지관 본연의 공간으로 사용되고, 밤에는 주민들의 동아리 활동과 자치 활동 공간으로 사용된다. 또한 주말에는 3대가 어울리는 청소년학교가 운영된다.

노인복지관의 이런 변화는 노인을 단순히 프로그램 대상자가 아니라 노인복지관을 운영하는 한 주체로 바라보는 관점의 변화에서 시작되었다. 더불어락 노인복지관은 30여 명 규모로 자치회를 구성하여 노인들이 직접 복지관 운영에 참여한다. 복지관 사업 계획과 운영 관리에 관한 사항을 의결·심의하는 것부터 강사 채용과 행사 기획까지 노인들이 주도적으로 진행하는 것이다. 이것이 가능했던 것은 설립 주체인 광산구가 노인들이 주체로 참여할 수 있도록 돕고 지원하였기 때문이다.

더불어락 노인복지관은 자치회뿐만 아니라 '더불어락 대동회'를

더불어락 자치위원회 회의

더불어락 대동회

자료: 광산구 더불어락 노인복지관 홈페이지.117

마련해 주민과 이용자들이 운영에 참여할 수 있는 장도 열었다. 더불어락 대동회는 직접민주주의를 실현하고 있는 스위스 '란츠게마인데' 방식을 벤치마킹한 것으로 복지관 운영과 마을 주요 현안에 대해 노인과 주민들이 자유롭게 의견을 내고 의결하는 기관으로서 위상을 갖는다. 운영에 관한 의제를 노인과 주민들이 직접 제안하면 대동회 참여자들이 그 자리에서 찬반카드를 들어 결정하는 방식이다. 예를 들면, 경로 식당 배식 방법을 결정하기도 하고, 좁은 주차장을 넓혀 달라는 민원에 한 달에 한 번 차 없는 날을 만들자는 제안이 찬성표를 얻어 주차장 민원 문제를 해결한 사례도 있다. 대동회는 마을 축제로 자리 잡아 매년 2회씩 진행하고 있다.

노인이 복지의 대상에서 운영의 주체로 역할하게 되면서 다양한 변화가 나타났다. 대표적인 사례가 노인복지관 1층에 조성된 작은도서관인 더불어락 북카페이다. 노인 236명이 운남골 작은도서관 건립위원회를 만들어 4900만 원의 후원금을 조성하고 재능기부를 하여

더불어락협동조합 북카페

두부마을

자료: "더불어락 두부마을 협동조합", 사회적 협동조합 살림_활동소식, 2015.09.30.

북카페를 만든 것이다. 북카페 건립은 노인들이 지역 복지 공동체를 만들어 가는 주체라는 인식을 확산시키는 계기가 되었다. 북카페는 노인들뿐만 아니라 지역 주민이 이용할 수 있도록 야간과 주말에도 열려 있다. 이곳에서 마을학교, 어르신 리더십 강좌, 어르신 글짓기 교실 등 노인 관련 프로그램부터, 작은 콘서트, 공정무역 토크, 학부모 독서회 모임, 지역 주민 작품 전시, 영화 상영, 어린이 인문학 학당까지 다양한 계층을 대상으로 한 프로그램이 운영된다. 더불어락 북카페 운영은 '더불어락협동조합'이 맡고 있다. 더불어락협동조합은 카페 외에도 두부공장(두부마을)을 운영하여 취약계층 노인들의 일자리를 창출하고 있다.

민관협력으로 고령친화동네 만들기

일본 도요시키다이 프로젝트

도요시키다이 단지는 도쿄 도심에서 약 30킬로미터 떨어진 지바현 가시와시(市)에 위치하며, 도쿄역에서 지하철로 약 40분 걸리는 곳이다. 도요시키다이 단지는 일본 UR도시기구(Urban Renaissance 都市機構, 이하 UR)가 1964년 도쿄 인구를 분산하기 위해 베드타운으로 조성한 주택단지로, 103개동 4,666호(UR임대주택 약 2,100호, 민간분양 약 2,600호)가 있다.[118] 반세기가 지나면서 주택은 노후화되기 시작했고, 지역 주민들도 나이가 들어 65세 이상 인구 비중이 증가하였다. 1964년도에는 약 1만 명이 거주하였으나 입주민이 감소하여 2014

년 약 6천 명의 인구가 거주 중으로, 입주민의 고령화율이 41퍼센트(65세 이상 41퍼센트, 75세 이상 18퍼센트)이다. 이는 가시와시 전체에서 65세 이상 인구 비율이 평균 20퍼센트인 것과 비교하면 두 배가 넘는 수치이다. 고령화율이 증가하면서 고령 입원환자가 늘어나 병상은 포화 상태에 이르렀다. 동시에 자택에서 요양하기를 원하는 노인들도 늘어나 재택의료의 필요성도 높아지게 되었다. 초고령사회에 맞는 시스템이 절실히 요구되는 도요시키다이 단지의 모습은 가까운 미래에 일본의 전 지역사회가 겪게 될 문제를 보여 주는 듯했다.

이에 초고령화사회에 맞는 이상적인 시스템을 갖춘 마을로 도요시키다이 단지를 재건축하기 위해 2009년부터 UR, 가시와시, 동경대학교 등 3개 기관이 공동으로 연구회를 조직하였고, 2010년 '도요시키다이 지역 고령사회 종합 연구소'를 만들어 「도요시키다이 프로젝트」를 추진하였다. 가시와시는 초고령화에 대응한 정책 수립과 마치즈쿠리(마을만들기)를 구현하는 역할을 맡고, UR은 쾌적한 주거 환경 조성과 관련 시설 유치, 동경대학은 정책 제언 및 실증 실험을 하는 역할을 맡았다.

도요시키다이 프로젝트의 목표는 고령화에 대응하여 지역사회 생활 환경의 물질적·사회적 기반을 구축하는 것이다. 이를 위해 재택의료체계를 포함한 지역포괄케어시스템을 구축하고, 고령자의 일자리 제공과 사회적 활동을 지원하는 '고령자 세컨드 라이프 지원 사업'을 추진하고 있다. 지역포괄케어시스템은 주민들이 오랫동안 살아온 지역에서 나이가 들어도 안심하고 생활할 수 있도록, 일상생활

권역(30분 이내에 도착 가능한 권역) 안에서 고령자들에게 꼭 필요한 5가지 서비스, 즉 의료 서비스, 장기요양 서비스, 건강관리 서비스, 생활 지원 서비스, 주거 서비스를 지속적으로 제공하는 것이다. 이에 가시와시는 2014년 지역포괄케어시스템의 거점시설로 도요시키다이 단지의 중심부에 '가시와 지역의료 연계센터'를 설립했다. 지역의료 연계센터는 재가요양이 필요한 사람에게 돌봄 관리자와 맞춤형 돌봄 플랜 작성 및 재가요양 생활 서비스를 지원한다. 즉 환자가 병원에서 퇴원하여 집으로 돌아갈 시기를 조정·지원하고, 주치의, 부주치의, 치과의사, 방문간호사, 기능훈련사, 영양사, 간병 전문가, 약제사 등 여러 분야 담당자들을 추천하여 종합적인 재가요양 생활 서비스를 제공한다. 이런 서비스는 고령자뿐만 아니라 가시와시 지역 주민 전체를 대상으로 한다. 원활한 재택의료 서비스 제공을 위해 가시와시 복지정책과(재택의료담당)가 지역의료 연계센터로 이전하였고, 이 센터는 지역의료의 추진과 여러 분야의 연계 거점으로 활용되고 있다.

지역포괄케어시스템의 또 다른 거점시설로 재택의료가 필요한 고령자들이 사는 고령자주택이 있다. 이곳은 간호동과 자립동으로 구분된 105개의 객실(자립동 33호, 개호동 72호)로 구성되어 있으며, 고령의 저소득자들이 지역에 계속 거주할 수 있도록 지원하고 있다. 또한 방문간호·방문요양 스테이션에 의료진들과 요양보호사들이 24시간 상주하며 재택 요양자들을 돌보고 있다.[119]

이외에도 도요시키다이 단지에 거주하는 단카이 세대(베이비붐 세대)를 고려하여, 은퇴 이후에도 지역사회에 참여할 수 있는 새로운 일자리 모델인 '보람 있는 노동'을 창출하였다. 보람 있는 노동은 생계형 일자리와는 구별되는 개념으로, 노동의 목표가 생계와 보람의 중간쯤에 위치하는 일자리라 할 수 있다. 건강한 노인이 다른 노인의 생활을 돕는 일자리 모델로, 고령 노동자가 일할 수 있는 분야를 농업, 보육, 지원, 복지, 커뮤니티 등 5가지로 구분하고, 8개의 사업 분야를 개발하였다. 예를 들어 농업 분야에는 도시형 농업 사업과 식물 재배 사업 등이 있고, 보육 분야에는 방과후 어린이들을 돌보는 아동보육이, 복지 분야에는 간호보조 등이 있다. 단지 내 마트·어린이집·요양원 등 상업시설은 노인 의무고용비율이 정해져 있어서, 노인 230여 명이 파트타임으로 일하고 있다.[120] 또한 지역 내 7개 농가가 '가시와농원 유한사업조합'을 설립하여 노인을 고용하였다. 한편 단지 내에 '커뮤니티 식당'을 열어 노인들의 결식을 방지하고 공동체가 형성되는 장을 마련하였다.

재건축을 하면서 주택 벽면에 안전봉을 달고 문을 넓혔으며 실내에 턱을 없애는 등 물리적 환경이 노인 친화적으로 개선되었다. 노인이 야외에서 다양한 활동을 할 수 있도록 2014년 도요시키다이 공원을 오픈하였고, 보행자 전용 산책로도 순차적으로 정비하고 있다.

도요시키다이 단지가 고령친화적으로 변모할 수 있었던 것은 가시와시의 정책 추진 의지와 민영화된 UR의 새로운 사업 모델에 대한 욕구가 맞아떨어졌기 때문이다. 민영화에 따른 판로 개척 등이 맞물리면서 새로운 모델을 고민한 결과였던 것이다. 또한 도요시키다이 단지의 핵심 서비스인 재택의료 서비스와 지역포괄케어센터 설립은 지역 의사회의 기부금과 츠지 테츠로 전 후생성 사무차관이 확보한 정부 재원 등이 있었기에 가능했다. 가시와시 시장이 의료인이어서 지역 의사회나 의료단체들과의 협력이 용이했던 것도 빼놓을 수 없다. 물론 도요시키다이 단지 모델이 지속가능할 것인가 하는 의문도 상존한다. 일자리 사업 중 보육과 요양 사업은 자체 수익이 발생하여 유지가 가능하지만, 다른 사업들은 판로 등 수익 창출에 어려움을 겪고 있다. 또한 단지 내에 공동체 공간을 건립하고자 하였으나 후쿠시마 원전사고와 도쿄 올림픽 준비로 공사비가 상승하여 공사가 중단된 상태이다.

가시와시 지역의료연계센터 전경

지역의료연계센터 입구

와라비보육원 전경

고령자주택 전경

자료: 서울연구원.

그럼에도 불구하고 도요시키다이 단지 계획은 정책(가시와시)과 연구(동경대학), 단지조성(UR)의 세 축이 협력하여 만들어 낸 모델이라는 점에서, 고령친화 지역사회 계획 수립에 시사하는 바가 크다.

미국 뉴욕시 고령친화도시 프로젝트

뉴욕시는 2010년 최초로 세계보건기구 고령친화도시 네트워크(Global Network for Age-friendly Cities and Communities, 이하 GNAFCC)에 가입한 도시이다. 뉴욕시 고령친화도시 프로젝트는 2007년 세계보건기구가 제시한 고령친화도시 가이드라인을 기반으로 블룸버그 뉴욕시장, 뉴욕시의회, 뉴욕의대(New York Academy of Medicin)가 협력하여 진행하였다. 2008년에는 뉴욕시 고령친화도시 사업의 방향을 제시하는 조사 결과 보고서를 발표하고, 2009년에는 영역별 정책 제안을 담은 보고서를 발표했다. 뉴욕시는 고령친화도 제고를 위해 지역사회와 시민의 참여, 주거, 공공공간과 교통, 건강과 사회서비스 등 4개 중점 분야 59개 정책과제를 도출하였다. 뉴욕의 고령친화도 진단은 지역사회 포럼, 포커스 그룹 인터뷰, 지속적인 피드백, 전문가 라운드테이블, 데이터 맵핑(Data mapping), 지역기관의 자체 평가 등을 토대로 노인들의 욕구 파악과 다양한 의견 수렴 과정을 거쳤다. 이렇게 선정된 과제는 시민단체, 대학, 민간기업, 비영리단체들과 지속적인 협조 속에서 일관성 있게 실행되고 있다.

2011년과 2013년에는 4개 영역 59개 정책과제의 성과를 요약한 '고령친화 뉴욕시(Age Friendly NYC)' 보고서를 발표하였다. 2017년에는 고령친화도시 계획을 시작한 지 10주년을 맞아 고령친화계획을 새롭게 정비하였다. '모든 세대를 위한 뉴욕시의 약속(AGE-FRIENDLY NYC New Commitments for a City for All Ages)'이란 이름으로 기존의 4개 영역을 6개 영역으로 개선하고(보건과 사회서비스, 주택, 공공공간과 교통, 공공안전, 소통과 정보, 지역사회와 시민참여), 86개 정책과제를 발표했다.[121]

고령친화도시 뉴욕 프로젝트의 목표는 세 가지이다. 첫째, 시민들이 나이 들어 가면서도 독립적이고 활력 있게 살아갈 수 있도록 역량을 강화하는 것이다. 둘째, 노인과 그 가족들의 삶의 질 향상을 위한 다양한 요구와 선호에 적절하게 대응하는 것이다. 셋째, 뉴욕의 도시계획과 시정부의 사업들이 뉴욕 노인의 생활양식과 선택에 적절히 대응하고 지원하도록 보장하는 것이다.

뉴욕시는 뉴욕 고령친화 프로젝트 추진 주체로 공공과 민간 분야의 지도자들로 구성된 고령친화 뉴욕위원회(The Age-friendly NYC Commission)를 2010년에 설립하였다. 위원회는 정부, 비즈니스, 건축, 법률, 예술과 문화, 기술, 학계, 의료와 사회서비스 등 각 분야의 시민과 비영리단체의 지도자들로 구성되어 있다. 이들 위원은 뉴욕 시장이 임명한다. 위원회는 뉴욕 고령친화도시 계획의 전반적인 전략을 수립하고 뉴욕시가 다양한 분야와 어떻게 협력할 수 있는지 조

뉴욕시 고령친화도시 프로젝트 진행 과정

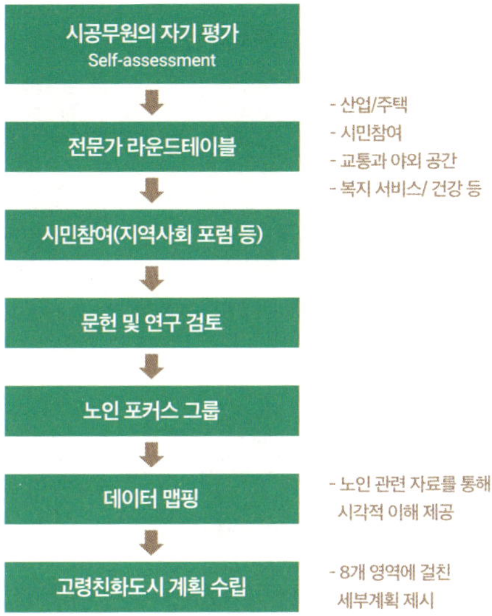

자료: 김선자, 2010, 서울의 고령친화도시 추진전략,
서울시정개발연구원, 11쪽.

언한다. 또한 뉴욕 노인들의 의견에 기반하여 우선순위를 확인하고, 도시 이해 관계자로 구성된 워킹그룹을 구성한다.[122]

뉴욕 고령친화도시 프로젝트의 주요 내용 중 하나는 고령친화 개선지구계획(Aging Improvement Districts, 이하 AID)이다. 이 계획은 2017년 현재 '고령친화동네 만들기 계획(Age-friendly Neighborhood Initiative)'으로 명칭을 바꿔 진행하고 있다. 노인들은 나이가 들면서 행동반경이 줄어들어서 사는 지역(마을)의 물리적·사회적 환경이 더 중요해진다. 이에 노인들을 위한 정책은 도시 전체적으로 일관되어

'고령친화 뉴욕시' 보고서

자료: 뉴욕시 고령친화 뉴욕위원회.

야 할 뿐만 아니라 지역사회 내에 유기적으로 개발되어야 한다는 관점에서 AID가 만들어졌다. 2010년 아더 웹(Arthur Webb)이 이끄는 고령친화위원회 워킹 그룹은 AID 개념을 고안하고, 기업, 비영리단체, 시공무원, 문화, 교육, 종교기관 대표들과 함께 저비용으로 더 많은 고령 거주자들을 포용할 수 있는 전략을 세웠다. AID는 뉴욕시 고령친화도시 계획의 새로운 정책과 사업을 시험하는 인큐베이터 역할을 하였다. AID는 이스트할렘(East Harlem), 어퍼웨스트사이드(Upper West Side), 베드퍼드스타이베선트(Bedford-Stuyvesant), 펠헴파크웨이(Pelham Parkway) 등 4개 지구에서 진행되었고 지역별 AID는 지역사회자문 그룹을 운영하여 실행 전략을 수립하였다. 대표적인 성과로 '시티 벤치(City Bench)' 프로그램, 공공수영장에서의 노인 프로그램, 고령친화 비즈니스 계획 등이 세워졌고, 이런 계획은 다른 지역들로 확산되었다.

AID의 첫째 시범 사업은 2010년 이스트할렘 지구에서 실시되었다. 이 사업의 첫 단계는 이스트할렘에 사는 300명이 넘는 노인들 의견을 수렴하는 것이었다. 이 과정에서 고령친화 지역사회를 만들기 위해 개선이 필요한 주요 이슈를 도출하였다. 이슈들의 예는 다음과 같다. ① 거리마다 벤치를 설치하는 것은 노인들에게 중요한데, 이는 노인들의 독립심과 적극적인 지역사회 참여 능력을 기르는 데 도움을 준다. ② 렉싱턴가(Lexington Ave)와 125번가 교차로는 노인들이 많이 다니는 곳인데 마약 중독자와 노숙자들이 많고 교차로에서 다치기 쉬워 걱정된다. ③ 수영장 이용객이 많지 않은 시간에 노인들이 이용할 수 있다면 이용률이 높아질 것이다.

이스트할렘의 AID 사업은 뉴욕의대와 시의원이 주도하였고, 약 50명의 회원으로 구성된 자문그룹이 있었다. 자문그룹은 도시 생활 모든 분야의 이해 관계자를 모아 지역사회 고령자에게 최상의 서비스를 제공하는 방법에 관한 아이디어를 교환하고 토론을 진행하였다.

지역 노인들의 의견을 기반으로 진행된 이스트할렘 AID는 다양한 성과를 거두었다. AID 실행그룹이 벤치 설치 권고 사항을 모아 지역 내 벤치 설치 구역을 결정하고, 뉴욕교통부에 제안하여 벤치가 설치되었다. 이는 '씨티 벤치(City Bench)' 모델이 되어 뉴욕 5개 지구에 1,000여 개의 의자가 설치되는 성과를 낳았다. 또한 고령친화 상점에 200여 개의 접이식 의자를 비치하여 노인들이 줄을 설 때 제공하도록 하였다. 125번가와 렉싱턴가 교차로에 관한 보고서에서는 노인의 시각을 강조한 권장 사항을 제시했고, 수영장에는 노인 전용 수영 시간이 만들어졌으며 아쿠아로빅 강사가 배치되었다. 이외에도 이스트 할렘 공공도서관은 노인 컴퓨터 교실 등 노인들을 위한 강좌를 개설하였다.

고령친화 뉴욕위원회는 2015년에 고령친화동네 만들기에 참여한 각 지역사회를 위한 네이버후드 액션플랜(Neighborhood Action

고령친화동네 만들기 액션플랜(How We'll get it done)

①	FIRST, WE LISTEN	우리는 지역사회의 역사와 문화를 이해하기 위해 노인들에게 그들 삶의 전문가로서 그들의 일상생활에 대해 질문하고, 그들의 의견을 확대시킨다.
②	SECOND, WE PARTNER	우리는 시의회, 지역의 이해관계자, 노인과 함께 변화를 촉진시킨다.
③	THIRD, WE ACT	우리는 우리가 들었던 것을 해결하기 위해 지역사회의 자세한 액션플랜을 설계하고 실행한다.
④	FORTH, WE PUBLICIZE	우리는 지역사회와 도시 전역에 연령친화적인 우수 사례를 전파하기 위해 결과와 성과를 알린다.

자료: 고령친화동네 홈페이지.

Plan)을 만들었다. 액션플랜은 지역사회의 노인들로부터 직접 수렴한 의견을 기반으로 지역별 상황에 따른 개선 계획이 포함되어 있다. 계획은 각 항목을 완료하는 데 예상되는 시간 길이를 기준으로 단기·중기·장기 프로젝트로 구성된다.

5부

누구나 행복하게 늙을 권리가 있다

출발은 노인에 대한 **인식의 전환**

지역사회의 변화가 중요하다

이제 우리는 인류 역사상 가장 노인인구가 많은 초고령사회에 진입하게 된다. 누구도 경험한 바 없는 미지의 시대에 대해 기대보다는 불안감이 앞서는 것이 사실이다. 연금이 있어도 노후 파산을 맞이하는 일본 노인들의 사례는 노인 빈곤율이 세계 최고인 우리에게 경종을 울리고 있다. 또한 노인 부양의 의무가 세대 갈등과 국가 재정 부담의 문제를 가져올 것이라는 예측은 더 이상 낯설지 않다.

그러나 고령화사회의 도래를 암울하게 지켜보고만 있을 것인가? 고성장 산업화 시대에 적합했던 도시 사회의 구조를 저성장 고령사회에 적합하게 변화시킨다면, 위기는 오히려 기회가 될 수 있지 않은가? 우리 연구진은 고령화에 적극적으로 대응하자는 데 의견을 모으고 이를 위해서는 서울시의 사회적, 물리적 구조 전반이 고령화 시대에 적합하게 변화해야 한다는 문제의식을 발전시키던 가운데, 고령친화사회의 열쇠가 노인의 일상생활이 이루어지는 동네에 있음을 주목하게 되었다.

동네(지역사회)는 노인이 일상생활을 수행하며 애착감과 정서적 안정감을 느끼는 곳이다. 이에 많은 노인들은 가능하다면 자신이 살던 동네에서 잘 늙어 가기를 희망한다. 그런데 앞서 2부에서 확인한 바와 같이, 서울시 내에서도 자치구와 행정동마다 고령화율이나 건강 수준, 노인 관련 시설 수 등이 크게 차이 난다. 또한 3부 서울 노인에 관한 조사에서는, 노인계층이 단일한 집단으로 구성된 것이 아니라, 성별, 나이, 소득에 따라 보행 양태와 지역사회 개선 욕구에 큰 차이가 있음을 알게 되었다. 이는 고령화와 관련한 문제의 발생 지점이나 해결 방식이 지역마다 다를 수밖에 없으며, 같은 지역 내에서도 집단별로 차이가 날 수 있음을 의미한다. 따라서 노인이 살던 동네에서 잘 늙어 갈 수 있도록 하는 정책은 그 동네의 여건과 구성원의 특성을 반영하여 섬세하게 접근할 필요가 있다. 「서울시 고령친화 마스터플랜」이 서울시 전체 차원의 고령화 전략 방향을 제시한 계획이라고 한다면, 서울시 전체 방향과 유기적으로 연계하되 지역의 특성을 고려한 고령친화 지역사회 전략을 수립해야 한다. 고령화에 대응하는 세계적인 추세도 지역사회의 특성을 중요하게 고려하는 방식으로 진행되고 있다. 이는 뉴욕시가 고령친화도시 프로젝트를 추진하면서 뉴욕시를 4개 지구로 나누고 각 지구별로 고령친화개선지구계획(AID)을 수립한 것에서 잘 드러난다.

우리 연구진은 노인이 살던 동네에서 잘 늙어 갈 수 있도록 하는 방법들, 즉 고령친화 지역사회 전략을 모색하기 위해 서울 노인의 일상생활을 탐구하고 사례들을 수집하였으며 수차례의 포럼과 정책토론회를 열어 의견을 수렴하였다. 연구 설계 단계에서는 고령친화 지역사회의 모델까지도 만들어 보겠다는 욕심이 있었지만, 연구를 진행하다 보니 오히려 다양한 사례들에서 공통적으로 드러나는 시사점을 중심으로 정리하는 편이 더 바람직하다는 결론을 얻었다. 지역사회 전략은 각 지역의 맥락에 따라 다양하게 만들어지는 편이 바람직하다고 판단하였기 때문이다.

이제 그동안 진행했던 문헌 및 사례 조사와 논의 등을 종합하여 고령친화 지역사회 전략을 위한 기본 방향을 제시하는 것으로 결론을 대신하고자 한다.

노인은 적극적 생활 주체이자 사회참여 주체이다

고령친화 지역사회 전략의 출발은 노인에 대한 인식의 전환이다. 노인에 대한 인식은 사회가 노인을 보는 시선과 노인이 스스로를 보는 시선, 두 가지를 모두 포함한다. 우선 사회의 인식 전환부터 살펴보자. 사실 우리는 노인을 약하고 의존적인 돌봄의 대상으로 인식하는 것에 익숙하다. 이런 인식은 노인을 사회적 부담으로 느끼게 함으로써, 사회적으로는 세대 간 갈등이 불거지기도 하고 정책적으로는 사회복지 중심으로 해결하려는 편향이 발생하기도 한다.

그러나 의료기술의 발달과 건강한 생활습관의 확산으로 건강수명이 크게 늘어나고 있음을 간과해서는 안 된다. 물론 인생의 마지막 단계에서는 누구나 돌봄의 대상이 될 수 있다. 그러나 여기서 강조하고 싶은 것은 노인이 되자마자 바로 돌봄의 대상이 되는 것은 아니며, 활기찬 노인의 시기는 앞으로도 더욱 길어질 것이라는 점이다. 특히 고소득 고학력의 베이비부머가 노인계층으로 진입하기 시작하였으므로, 앞으로 활기찬 노인이 더욱 늘어날 것으로 보인다.

고령친화 지역사회 전략의 출발점은 더 이상 노인을 돌봄과 보호의 대상이 아니라 자존감과 존엄성을 가지고 자아실현을 하며 살아가는 독립적 존재로 바라보는 관점의 전환에 있다. 돌봄의 대상이 늘어나는 것이 아니라 활기차고 건강한 노인 세대가 확대되는 것으로 고령화를 이해하는 순간, 정책의 접근 방향이 달라지기 때문이다. 이런 관점에서 보자면 고령친화 지역사회 전략은 노인이 자신을 스스로 돌보며 일상생활을 영위할 수 있는 곳(지역 또는 동네)을 만들어가는 전략이 되어야 한다. 노인은 지역사회 내에서 생산과 서비스의 주체이자 소비자로 활동하는 사회의 일원으로 역할을 한다. 신체적·정신적으로 노쇠하였으나 약간의 도움으로 자립적 생활이 가능하다면, 지역사회 내에서 독립생활을 유지할 수 있도록 적절하게 지원을 해야 한다. 이와 같은 지역사회가 만들어졌을 때 '동네에서 잘 늙어가기'는 가능해진다.

노인도 본인의 신체적, 정신적 건강을 위해 스스로를 적극적인 삶의 주체로 인식할 필요가 있다. 존 로빈스는 건강한 노인들을 조사하면서, 이들이 공통적으로 노년 시기에 자신의 정체성을 새롭게 찾아 나가고 있음을 발견했다.

"

이들은 남들이 그들을 어떻게 생각하느냐보다 자신이 스스로를 어떻게 생각하는가로 스스로의 정체성을 규정했다. 항상 다른 사람들의 기대를 충족시켜야 한다는 부담에서 점점 더 많이 자유로워지면서 이들의 삶은 진정한 자신의 모습을 찾으려고 하는 새로운 종류의 의지를 반영하기 시작했다. 이들은 물리적 스트레스, 무시, 학대의 역사에서 벗어났다. 그리고 좀 더 생기발랄해졌다.

"

『존 로빈스의 100세 혁명』에서

그가 강조하는 것은 나이가 들고 기력이 쇠하며 사별과 은퇴 등 환경 변화에 처했을 때 이를 비극으로 여기고 주저앉지 말라는 것이다. 오히려 한계를 인정하고 그 안에서 진정한 자기 자신과 더 큰 지혜를 찾고자 하는 사람들이 건강하게 늙어 간다는 것이다. 애정을 가지고 타인과 세상을 좀 더 흔쾌히 받아들이면 세상을 보는 시각이 부드러워지고 젊었을 때보다도 오히려 더 삶을 즐길 수 있기 때문이다.

노인에 대한 인식 전환은 구호나 캠페인보다는 노인의 존재와 역할에 관한 긍정적인 사례들이 다양하게 확산되는 것이 필요하다. 예를 들면, 영화 〈칠곡 가시나들〉은 일제강점기에 태어나 한글을 배울 기회가 없었던 칠곡 할머니들의 이야기다. 팔순이 넘은 나이에 한글을 익히자니 손자와 경쟁이 되지 않는다. 그러나 한 글자 한 글자 꾹꾹 눌러 시를 써 내려가는 그들의 모습에서 삶에 대한 의지와 자존감을 읽을 수 있다. '더불어락 노인복지관'을 노인들이 주도적으로 운영하여 마을공동체의 거점으로 거듭나게 한 사례는 노인이 지역사회의 한 주체로 훌륭히 역할을 할 수 있음을 보여 준다.

사회참여의 기회는 칠곡의 한글문해교실이나 더불어락 노인복지관 운영처럼 공공에서 정책적으로 만들어질 수도 있지만, 노인 스스로도 찾아낼 수 있다. 대표적인 통로가 '자원봉사 활동'이다. 박지현·장웅조는 미술관에서 자원봉사 활동을 하는 노인들을 조사하였는데, 이에 따르면 노인들은 자원봉사 활동을 하면서 삶의 즐거움을 느끼고 강한 내적 동기를 얻으며 사회적으로 단절되지 않는 흐름을 경험했다고 한다.[123] 관람객이나 미술관 직원들과 맺는 '긍정적 상호작용'을 통해 자신이 가치 있는 활동을 하고 있다는 존재감을 확인한다는 것이다.

인생의 마지막 단계에서는
누구나 돌봄의 대상이 될 수 있다.
그러나 돌봄의 대상이 늘어나는 것이 아니라
활기차고 건강한 노인 세대가 확대되는 것으로
고령화를 이해하는 순간,
정책의 접근 방향이 달라질 것이다.

누구나
잘 늙어 갈 수 있는
동네 만들기

노인의 욕구에 기초한 물리적 환경 개선

노인도 행복하게 생활할 수 있는 지역사회는 어떤 요소를 갖추어야 하는가? 세계보건기구의 고령친화도시 8대 영역에서도 외부 환경과 주거 등 물리적 환경을 제일 먼저 제시하고 있는 것처럼, 노인의 신체 능력 저하를 고려하여 물리적 환경을 개선하는 것이 가장 우선적인 과제라고 할 수 있다. 이를 방증하듯이 물리적 환경 개선과 관련한 사례들을 찾는 것은 어렵지 않다. 금천구 보린주택은 건물 내에 배리어 프리 디자인을 적용하여 슬라이딩 자동문, 엘리베이터, 안전 손잡이를 설치하였고, 성북구 장수마을은 오래된 주택을 수리하면서 집 안의 높낮이차를 없앴다. 해외의 백화점이나 슈퍼마켓에서 휠체어나 보행보조기가 다니기 쉽도록 통로를 넓히고 매장 곳곳에 의자를 설치하는가 하면 매대의 높이를 낮추고 배달이나 셔틀버스 등을 운영하는 것도 물리적 환경을 고령친화적으로 바꾸는 작업의 좋은 사례였다.

일상적인 신체 활동이 건강한 노년에 필수적인 요소임을 고려할 때, 특히 옥외 환경을 노인들이 활동하기 쉽도록 개선해 나가는 것은 매우 중요하다. 서울 노인에 관한 조사에서도 나타났듯이, 같은 노인일지라도 연령과 성별에 따라 신체 활동이 매우 차이가 날 수 있다. 신체 기능이 약해졌더라도 손쉽게 집 밖으로 나가 다양한 신체적·사회적 활동을 할 수 있도록 유도하는 것이 필요하다. 서울시가 신길동 임대아파트에 시범적으로 추진하였던 '인지건강 생활 환경 디자인 사업'은 노인들이 이용하기에 안전하도록 산책로와 쉼터를 정비하고 벤치를 놓는 등의 옥외 환경 개선 사업이 실제로 외출을 유도하는 효과가 있음을 입증하였다.

옥외 환경을 포함하여 물리적 환경을 효과적으로 개선하기 위해서는 해당 지역 노인들의 실제 동선과 욕구를 파악할 필요가 있다. 뉴욕시 이스트할렘 지구는 고령친화개선지구계획(AID)을 수립하기 위해 가장 먼저 그 지역에 사는 노인 300명 이상의 의견을 수렴하였으며, 이를 바탕으로 거리 곳곳에 의자를 놓는 '시티 벤치 프로그램'을 비롯한 다양한 개선 사업들을 추진하였다. 가파른 비탈길에 형성된 장수마을에서는 주민의 의견을 수렴하여 골목길 계단에 안전 손잡이를 설치하였다. 이처럼 물리적 환경 개선은 지역적 관점이 매우 강하게 투영되는 것이다.

우리 연구진이 조사하였던 자양4동과 천호3동 노인들은 도보로 평균 15분 정도 거리를 걷고, 경로당과 재래시장, 보건소, 공공시설 등을 주로 왕래하였다. 대부분 노인들은 넓고 번잡한 길보다는 다소 좁더라도 가게가 많은 오래된 길을 선호한다. 노인들이 자주 왕래하는 이런 길부터 먼저 보행 편의를 돕는 개선 사업을 시작하면 어떨까? 서울시가 펴낸 『인지건강 실외 환경 가이드북』 등이 좋은 참고가 될 것이다. 또한 노인들이 자주 다니는 길에 소재한 편의점, 슈퍼, 세탁소 등의 점포를 대상으로 고령친화상점을 인증하는 방법도 고민해 볼 수 있다. 점포 앞에 노인들이 잠시 쉬어 갈 수 있는 의자를 두는 것만으로도 작은 사랑방이 형성되곤 한다. 이들 점포를 중심으로 동네 노인의 일상에 관심을 두고 필요한 정보들을 제공하는 역할을 수행하면 사회안전망 형성에 도움이 될 것이다.

지역자원을 활용한 노인 돌봄

신체 기능이 떨어지는 노인들이 살던 동네에서 편안히 살기 위해서는 돌봄과 다양한 생활 서비스가 필요하다. 젊었을 때는 당연하게 했던 식사 준비, 청소, 빨래 등 집안일부터 간단한 집수리나 쇼핑, 병원 가기 등을 나이가 들면 혼자 힘으로 하기에 힘겨운 순간이 온다. 지병이 생길 경우 문제는 더 크다. 현대 사회에서 이런 상황에 가장 일반적인 대처는 요양원이나 요양병원에 의지하는 '시설 요양'이다. 그러나 아툴 가완디가 지적한 것처럼, 시설 요양은 노인의 독립적이고 주체적인 삶을 보장할 수 없다. 많은 노인들이 살던 곳에서 늙어 가기를 희망하는 이유가 여기에 있을 것이다.

경제적으로 여유로운 계층에게는 살던 곳에서 늙어 가기가 전혀 어려운 일이 아니다. 그러나 그렇지 못한 경우는 상황이 다르다. 돌봄이 필요한 노인이 자기가 살던 동네에서 계속 살기 위해서는 돈이 꽤 필요하기 때문이다. 국가가 제공한 바우처로 돌봄 서비스를 이용할 수 있지만, 서비스의 질이나 정서적 유대 등의 측면에서 아쉬움이 크다. 그렇다고 해서 만족스러운 돌봄 서비스를 제공하기 위해 정부의 재원을 한없이 늘릴 수도 없는 노릇이다.

해결의 실마리는 역시 지역이다. 가족관계가 아무리 좋아도 자녀는 출가하여 멀리 떨어져 살 수 있고 부부는 사별할 수 있다. 일가친척이 한 동네에 모여 살던 전근대 사회도 아니다. 가족만큼은 아닐지라도 느슨하게나마 이를 보완할 수 있는 것이 바로 이웃 관계이다. 미우라 아츠시의 『40대가 미리 보는 하류노인 행복노인』에서도 가난하든 부자든 상관없이 행복한 노인은 친구와 여가를 즐길 기회가 많다고 하였다. 특히 돈은 있으나 친구가 없는 경우보다 돈이 없어도 친구가 있는 경우 행복도가 증가한다.

NHK 스페셜 제작팀은 장수를 공포로 느끼게 했던 파산 시리즈(〈노후 파산〉, 〈가족의 파산〉)를 끝맺으면서, '지역의 힘으로 가족의 파산을 막을' 것을 요청하고 있다. 그들은 가족만의 힘으로 유지가 어렵고 요양 서비스 이용에도 한계가 있는 노인 돌봄 문제도 지역 차원에서 바라보면 풀 수 있다고 강조한다. 특히 사이타마현 삿테시의 '행복 도움대' 사례는 매우 인상적이다. 자원봉사자는 가사 도움 서비스가 필요한 노인에게 저렴한 비용으로 서비스를 제공하며, 비용은 지역화폐로 지불된다. 행복 도움대 활동으로 서비스 이용자와 자원봉사자 사이에 교류가 생겨난 것은 생활 편의를 높인 것 이상으로 큰 성과일 것이다. 특히 여기서 주목할 것은 자원봉사자도 노인이라는 점이다. 자원봉사자도 앞으로 더욱 나이가 들어 도움이 필요해지면 행복 도움대를 이용하게 될 것이다.

지역 내에 잠자고 있는 자원들을 효과적으로 연계하여 노인 돌봄이 지역 차원에서 순환하도록 돕는 구조는 여러 지역에서 다양한 방식으로 실험되고 있다. 빌리지 모델이나 서클 모델 모두 지역 내 자원봉사자를 노인과 시스템적으로 연계함으로써 노인의 독립적인 일상생활을 가능하게 하는 모델들이다. 특히 HMR 서클의 G&TC 제도는 지역 내에서 돌봄이 순환하도록 고안한 것으로, 자원봉사자가 제공한 돌봄 서비스가 지역화폐로 쌓이고, 나중에 자원봉사자 또는 그 가족이 돌봄이 필요할 때에는 쌓인 지역화폐만큼 서비스를 받을 수 있는 시스템이다.

그러나 사실 우리 사회는 자원봉사 활동 참여율이 그다지 높지 않아, 이들 모델을 당장 시도해 보기는 어려울 수 있다. 통계청 사회조사에 따르면 2015년 서울 시민의 자원봉사 활동 참여율은 17.9퍼센트에 불과하며, 이나마도 중·고교생 봉사 활동 의무제 덕이 크다. 20대 이후 자원봉사 활동 참여율은 10퍼센트 초반에 머물고 있으며, 특히 60대 이상은 8퍼센트 수준에 불과하다. 앞서 살펴보았던 것처럼, 지역 내에서 서로 돕는 노인 돌봄 시스템이 가능하기 위해서는 노인의 사회적 역할이나 자원봉사 활동에 대한 인식의 전환이 선행될 필요가 있다. 그렇지만 이런 상황에서 사회적경제나 생활협동조합을 기반으로 지역 단위에서 맞춤형 노인 돌봄 서비스를 제공하는 시도들이 생겨나고 있는 것은 우리 나름의 지역 돌봄 모델로 지켜볼 필요가 있다고 생각된다. 특히 광진협동사회적경제네트워크의 돌봄 클러스터는 지역에서 돌봄 서비스를 제공하는 사회적기업들을 효과적으로 연계하여 질 높은 돌봄 서비스를 제공하는 의미 있는 사례이다.

보람을 느낄 수 있는 일자리

아마도 고령친화 지역사회를 만들어 가는 데 가장 어려운 영역 중 하나가 노인을 위한 일자리일 것이다. 자양4동과 천호3동 노인들을 조사한 결과, 과반수가 앞으로도 계속 일을 하고 싶어 하며, 소일거리나 창업보다는 파트타임부터 상근직까지 안정적인 일자리를 선호하는 것으로 나타났다. 그렇지만 2014년 서울 노인실태조사에서 나타난 것처럼, 맞춤형 일자리 영역 체감도는 53.5점으로 고령친화 영역

+ 지역에서 돌봄이 순환하는 G&TC 제도[124]

영국의 HMR 서클(Heywood Middleton & Rochdale Circle)에는 기브 앤 테이크 케어(Give & Take Care, 이하 G&TC) 타임 뱅킹 제도라는 독특한 프로그램이 있다. 이는 지역 주민들이 자원봉사 활동으로 서로에게 돌봄 서비스를 제공하도록 촉진하는 프로그램이다. G&TC를 통해 자원봉사자는 활동한 시간을 돌봄 저축 계좌(Care Savings Account)에 누적하여 기록한다. 이들 자원봉사자가 고령이 되었을 때나 자원봉사자의 가족이나 친척이 돌봄이 필요할 때면 누적된 시간을 사용하여 돌봄 서비스를 받을 수 있다. GAT라는 가상대체통화 단위를 만들어 1시간의 돌봄 활동을 하면 1GAT가 적립되는 방식이다. GAT는 환불되거나 현금으로 교환할 수 없지만, 파트너십에 가입한 다른 사람에게 양도하거나 자선단체에 기부할 수 있다.

돌봄 자원활동가(Care Givers)의 자격은 18세 이상의 성인이다. 자원활동가가 되고자 하는 사람은 돌봄 활동을 시작하기 전에 신원 확인(범죄 기록 조회 포함) 절차와 심사를 받고 성인 돌봄 관련 훈련을 받아야 한다. 자신이 제공할 수 있는 기술과 활동에 대해 명시하면 지역 매니저가 돌봄이 필요한 노인과 연결해 준다. 지역 매니저는 돌봄을 필요로 하는 사람의 집에 방문하여 어떤 돌봄이 필요한지 확인하며, 자원활동가의 활동을 감독하고 평가하는 역할도 한다.

돌봄 자원활동가는 집안 청소, 정리, 쇼핑, 독서 또는 작문 지원, 산책이나 사교 모임 동행, 강아지 산책 시키기 등과 같이 일상생활에서 도움이 필요한 부분을 지원한다. 돌봄을 받는 사람(Care Receiver)은 대부분 60세 이상 노인이다. 가입 회비는 5파운드이며, 1시간 돌봄을 받을 때마다 행정비용(admin fee)으로 1파운드를 지불한다. G&TC는 행정비용을 지역 매니저 고용, GAT거래 기록, IT시스템 관리 등 시스템을 지속적으로 유지하는 데 사용한다.

G&TC는 공동체이익회사(Community Interest Company)로 런던 브루넬 대학에서 제안하여 운영하고 있는 모델이다. G&TC는 지역사회에서 노인을 대상으로 개인 간호를 촉진하고 고립의 문제 완화, 미래 세대의 돌봄 향상을 목표로 활동하며 HMR 서클과 같은 자선단체조직과 연계하여 영국 전역에 이 제도를 확장하고 있다.

별 체감도 평균(67점)에 비해 매우 낮다. 이는 노인이 원하는 안정적인 일자리 공급이 그만큼 어렵다는 것을 시사한다.

그럼에도 불구하고 동네에서 노인이 잘 늙어 가기 위해서는 노인에게 알맞은 일자리를 고민할 수밖에 없다. 노인에게 일자리는 경제적 안정을 주는 동시에 행복감과 자존감을 높여 주기 때문이다. 평생을 주부로 살아온 여성 노인들의 경우 정기적으로 출근하는 직업을 가졌다는 사실에 큰 자부심을 느끼는 사례는 낯설지 않다. 장수마을에서 노인들과 함께 커뮤니티 비즈니스 모델을 고민하는 것이나 더불어락협동조합이 두부공장과 팥죽가게를 운영하는 사례는 노인을 위한 마을 개선이나 공간 운영으로 출발한 지역 사업이 일자리 영역으로 확장되는 것을 보여 준다. 이는 노인 일자리에 대한 욕구가 높으며, 지속가능한 지역공동체 형성에 중요한 요소로 인식되고 있음을 보여 주는 것이다.

그렇다면 노인에게 적합한 일자리는 어떤 것일까? 우선 노인들이 수행하기에 부담이 없어야 한다. 마을기업 '키득키득'은 많은 기술이 필요한 메뉴는 제외하고 노인들이 쉽게 만들 수 있는 메뉴 중심으로 카페를 운영한다. '민들레워커'는 여성 노인들이 익숙한 수공예 제품 생산 중심이다. '우리동네 아이돌봄기동대'는 누구나 할 수 있다고 생각하는 아이 돌봄을 노인들이 보다 전문적으로 수행할 수 있도록 기획하여 성과를 올리고 있는 사업이다. 이들은 모두 동네를 중심으로 일자리가 형성되었으므로 출퇴근에도 큰 부담이 없다.

이와 함께 중요한 것은 일을 하며 보람을 느낄 수 있어야 한다는 점이다. 장수마을에서는 일자리가 있더라도 그 일이 동네와 가족에게 도움이 된다고 느껴질 때 노인들이 모인다는 경험담을 들을 수 있었다. '우리동네 아이돌봄기동대'에서 일하고 있는 노인들을 조사한 결과, 일하면서 가장 만족하는 부분으로 '도움이 필요한 부모를 돕는다는 보람'을 꼽았다는 것은 시사하는 바가 매우 크다. 노인들이 단순히 경제적인 이유만이 아니라, 일자리를 통해 남을 돕는다는 보람도 중요하게 생각하고 있음을 보여 주기 때문이다.

노인들이 동네에서 보람을 느끼며 용돈벌이도 할 수 있는 일자리는 커뮤니티 비즈니스 차원에서 다양하게 시도할 수 있다. 우리동네 아이돌봄기동대가 돌봄 공백을 메꾸는 것처럼, 지역사회의 문제점을 해결하는 방식으로 접근하며 공공의 지원을 받을 수도 있다. 하지만 고령친화 사업이라고 하여 노인 중심으로만 운영하면, 틈새시장을 개척하거나 새로운 제품을 디자인하는 등 다양한 생각과 감성이 요구되는 상황에 적응하기 어렵다. 이를 보완하는 것이 젊은 세대와의 교류이다.

장수마을에서는 젊은 예술가들을 초빙하여 노인들과 함께 공예품을 디자인했으며, 키득키득에서는 베이킹 교육을 이수한 여성들이 노인교육과 메뉴 개발을 돕고 있다. 고령친화적 커뮤니티 비즈니스라도 노인만 운영한다는 원칙을 세우기보다는, 지역 내 다양한 세대·계층과 융합하는 방식을 모색하는 편이 효과적이다.

+ 서울시 우리동네 아이돌봄기동대[125]

서울형 노인 일자리 사업에 지원을 받아 운영 중인 '우리동네 아이돌봄기동대'는 여성 노인이 동네의 아동에게 틈새 돌봄을 제공하는 사업이다. 2016년에 시작된 이 사업은 보건복지가족부와 서울시가 지원하고 (사)한국가사노동자협회가 추진하며, 영등포구, 서대문구, 강서구, 강북구, 성북구, 성동구, 광진구 등 7개 자치구에서 운영 중이다. 돌봄 서비스를 운영하는 지역에 거주하는 60세 이상 노인들이 참여할 수 있으며, 40시간 이상 아이 돌봄 전문 교육을 받는다. 2017년 9월 기준으로 85명의 노인이 일하고 있는데, 평균 연령은 64.4세이며 70세 이상 노인도 8퍼센트에 달한다. 근로 조건은 월 30시간 이상 근무, 시급 8,000원으로, 최저 30시간을 기준으로 개인의 형편에 맞게 근로시간을 조정할 수 있다.

주요 서비스는 생후 6개월~9세까지의 영유아·아동을 대상으로 등하원 지도, 식사 및 간식 수발, 일시적 상해로 어린이집이나 학교에 가기 어려운 아이 돌봄, 부모 모임을 위해 동행 자녀를 돌보는 모임 활동 지원 등으로, 서비스를 제공받은 사람들의 만족도가 매우 높다. 현재 일시 또는 긴급 아이 돌봄 서비스가 제공되고 있지만, 등하원 시간이나 어린이집이 끝나는 오후 6시 이후 등은 일시적으로 돌봄 수요가 몰리기 때문에 공공에서 모두 해결하기 어렵다. 이 점에 착안하여 틈새 돌봄 시장을 개척하였다는 것에 의미가 있다.

또한 아이 돌봄 전문 교육을 이수한 기동대원들은 할머니가 아니라 '선생님'으로 불리도록 함으로써, 개인적 돌봄에서 끝나는 것이 아니라 사회적으로 의미 있는 노동으로 평가받게 하고 있다. 사업에 참여한 여성 노인들은 경제적 만족도도 높지만, 그보다도 젊은 부모를 도와준다는 사실에서 느끼는 보람, 감사받을 때의 뿌듯함 등 보람에서 오는 만족도가 더욱 높게 나타났다. 생활의 즐거움을 느끼고 건강이 실제로 좋아지는 등의 긍정적 효과도 확인된다.

서비스 종류 및 이용 요금

구분	주요 내용	가격
❶ 등하원 돌봄	등하원 지도, 식사 및 간식 수발, 준비물 챙기기, 학원 보내기 등	- 시급 8,000원 / 기본 2시간 이상 - 월급제는 별도 산정
❷ 아픈 아이 돌봄	수두, 폐렴, 수족구병, 장염, 일시적 상해 등으로 어린이집, 학교를 가기 어려운 자녀 수발	- 시급 8,000원 - 1일 10시간 이내
❸ 모임 활동 지원	부모님들이 모임, 교육 수강, 회의, 행사 등을 원활하게 할 수 있도록 동행 자녀를 집단으로 돌봄, 놀이와 간식 수발, 안전 지도	- 시급 10,000원 - 기본 2시간 이상
❹ 일회성 돌봄	자녀 병원 동행, 부모의 긴급 외출, 부모 질환으로 아이를 돌보기 어려울 때, 양육자의 휴식 등 일회성 긴급 돌봄	- 시급 8,000원 - 기본 3시간 이상

자료: 한국가사노동자협회 홈페이지.

노인과 지역사회를 연결하는 거점 공간

지금까지 동네에서 잘 늙어 갈 수 있는 환경을 만들 수 있는 방향으로 물리적 환경 개선과 지역 돌봄, 동네 일자리 등을 살펴보았다. 그런데 이것이 지역 내에서 원활히 이어지기 위해서는 이웃과의 관계와 네트워크가 활발히 일어날 수 있는 접점이 필요하다. 아툴 가완디의 『어떻게 죽을 것인가』에는 보스턴 근교에 위치한 은퇴자촌인 뉴브리지 온 더 찰스(NewBridge on the Charles)의 사례가 나온다. 뉴브리지는 유치원부터 8학년까지 있는 사립학교와 운동장을 같이 사용하였다.

이 운동장을 접점으로 두 기관은 점차 밀접한 관계를 맺게 됐다. 뉴브리지의 주민들은 학교에서 보조 교사나 도서관 사서로 일하게 되었으며, 매달 학생과 함께 미술 전시회나 음악 공연 같은 이벤트를 열었다. 중학생들은 치매 환자들과 함께 지내는 법을 배우고, 요양원 주민들과 파트너가 되는 버디 프로그램에 참여한다.

미우라 아츠시는 『도쿄는 교외지역부터 사라져 간다』에서 기존과 같은 직주 분리, 세대 분리의 공간 구조로는 고령화 시대에 대응할 수 없음을 보여 주고 있다. 오히려 다양한 세대와 기능이 혼재하도록 동네를 재편해야 한다고 말한다. 즉 일자리와 거주, 문화, 농업 등 다양한 기능이 존재하고 청년, 노인, 독신자 등 다양한 세대와 가족 형태가 공존하는 동네가 필요하다는 것이다. 그리고 그 중심에는 세대 간·계층 간 자연스러운 만남이 일상적으로 이루어질 수 있는 거점 공간이 있어야 한다. 그가 생각하는 거점 공간은 주민이 마음 편히 차를 마시며 이야기할 수 있는 커뮤니티 카페이자, 주민 자신이 강사가 되거나 서로 가르쳐 주는 배움터이며, 간단한 목공이나 정원 손질 등 커뮤니티 비즈니스를 할 수 있는 일터로서 세대 통합적 개념의 복합 공간이다.

우리 입장에서 보자면, 동네에 사회적 환경을 활성화하고 다양한 세대가 만나며 커뮤니티 비즈니스와 연계할 수 있는 거점시설이 필요한데, 신규 시설을 짓기보다는 동네에 있는 유사 기능을 하는 공공시설들, 예를 들면 경로당, 노인복지관, 사회복지관, 문화센터, 체육센터, 평생교육센터 등의 기능을 재편하는 방식을 우선 고려하는 것

+ 자양공공힐링센터[126]

자양4동에 위치한 '자양공공힐링센터'는 2017년 7월 수요자 중심의 맞춤형 건강·복지·교육 서비스를 통합 지원하기 위해 설립되었다. 지하 1층부터 지상 5층 규모로, 1층 자양보건지소, 2층 힐링센터, 새마을작은도서관, 3층 청소년상담복지센터 및 교육복지센터, 지역사회보장협의체, 녹색어머니연합회, 4층 드림스타트팀, 5층 다문화가족지원센터 등 지역 내 다양한 구성원의 복합적 이용이 가능하도록 구성되어 있다.

자양보건지소는 주민 건강과 복지증진을 위한 참여형 보건지소로, 보건소와 접근성이 떨어지는 자양4동, 화양동 지역 주민에게 건강 프로그램을 제공한다. 또한 일반진료 대신 지역 건강실태를 파악해 주민 건강증진과 질병예방 중심의 지역맞춤형 보건의료 서비스를 제공한다. 광진구는 '2013 서울시 참여형 보건지소 사업'에 선정되어 2014년에 자양건강센터를 개소했다. 이후 자양건강센터의 협소한 공간 문제를 해결하고 주민참여 확대를 위해 2017년 자양공공힐링센터로 확장 이전하였다.

자양보건지소는 대사증후군관리센터, 보건교육실, 명상관, 영양교육실 등으로 구성되며, 지역 주민 대상으로 대사증후군 검진, 건강소모임, 힐링 프로그램, 영양교육실을 운영한다. 프로그램은 치매지원센터, 건강보험공단, 건강관리과 등과 연계해 진행한다. 프로그램 대부분이 모든 지역 주민 대상이지만, 지역사회 내 사회적 관계가 취약한 65세 이상 남성 노인을 위한 '마음건강 기공체조교실', 지역 어르신의 우울예방과 정신건강증진을 위한 '굿바이치매', '건강백세운동교실' 등 맞춤형 프로그램을 진행한다. 그밖에 아동 대상의 영양교실, 노인 대상의 치매예방 종이접기 등을 진행한다.

이 바람직하다. 이는 노인만을 위한 독점적 공간을 확대하자는 것이 아니라, 모든 지역 주민이 이용할 수 있는 주민 교류의 공간을 지역의 특성에 맞게 재배치하자는 의미이다. 따라서 시설의 운영은 지역의 청년과 노인을 포함한 다양한 계층이 주체적으로 참여하도록 한다.

고령친화도시를 위해 **힘을 모아야** 할 때

모든 정책은 노인의 입장에서

고령친화 지역사회는 사회 전체 구조의 변화를 전제하는 일이다. 고령화라 하여 노인복지만의 영역이 아니라는 의미이다. 오히려 건축, 교통, 도시재생, 문화, 교육, 보건, 복지 등의 영역이 모두 머리를 맞대고 준비해야 한다. 바야흐로 고령친화도시의 전략적 목표 아래 전체 행정 영역이 상호 연계와 협조 체제를 갖추는 '에이징 인 올' 정책(Aging in All Policies)이 구현되어야 할 시점인 것이다.

싱가포르는 사회가족개발부, 보건부, 공공주택부 등 관련 부처들이 노인정책위원회(Ministerial Committee on Aging)를 만들어 노인정책을 공동으로 논의하고 구체적인 정책을 수립하고 있다.[127] 뉴욕시는 고령친화도시 프로젝트를 수행하는 과정에서 정부, 비즈니스, 건축, 법률, 예술·문화, 기술, 학계, 의료·사회서비스 등 각 분야의 공공 및 민간 지도자들로 구성된 고령친화 뉴욕위원회를 만들었다. 이 위원회는 뉴욕 고령친화도시계획을 수립하고, 뉴욕시가 이를 실현하기 위해 다양한 분야와 어떻게 협력할 수 있는지 조언한다. 이들은 고령친화정책이 도시 전체적으로 일관될 뿐만 아니라 지역사회에 유기적으로 적용되어야 함을 강조하고 있다. 예를 들어 이스트할렘 지구에서 제안하였던 시티 벤치 프로그램은 뉴욕교통부를 통해 뉴욕시 전역으로 확대되는 결과를 낳았다.

그렇지만 아직까지 우리의 행정 시스템은 부처별 대응에 머무르면서 적극적 고령사회 대응에 한계가 나타나고 있다. 노인 관련 많은 사업들을 복지본부에서 수행하고 있지만, 도시재생본부, 주택건축국, 도시교통본부, 시민건강국, 문화본부 등에서도 나름대로 고령사회에 대응한 정책들을 펼치고 있다. 그런데, 예를 들면 복지본부의 고령친화마을, 시민건강국의 치매마을, 재생본부의 고령친화적 소규모 도시재생사업 등은 고령친화적 지역사회를 지향하는 목표는 동일하나 사업 간 연계 없이 각기 추진되고 있는 상황이다. 그러다 보니 실제 지역사회에서는 통합적으로 고려되어야 할 것들이 부문별, 대상별 사업으로 분절되어 시행될 수 있다는 우려를 낳는다.

다른 도시들과 마찬가지로 서울시도 복지본부, 시민건강국, 도시재생본부, 주택건축국, 도시교통본부, 평생교육국, 문화본부 등 고령친화 지역사회 구축과 밀접한 관련이 있는 부처들 간에 협의체를 구성하여 고령화에 대한 협력적 대응을 시도할 필요가 있다. 그리고 합의된 관점을 서울시의 모든 부서가 공유하도록 함으로써, 서울 시정 전반에 걸쳐 고령화 대응체계를 갖출 수 있도록 노력해야 할 것이다. 이런 체계가 갖추어지면, 앞서 제안했던 것과 같이 지역 내 유사 기능을 하는 공공시설들이 고령사회에 대응한 거점 공간으로 활용될 수 있는 가능성도 높아진다.

또한 구체적으로 지역에 적용하기 위해서는 지역 여건에 따라 다양한 모델을 개발할 필요가 있는데, 이 과정에는 행정부처 내 협력뿐만 아니라 연구개발도 중요하다. 일본 도요시키다이 단지는 시 정부와 도시개발공사, 전문 연구기관의 협력에 의해 개발된 사례이다. 뉴욕시도 행정당국과 시의회, 대학이 협력하여 고령친화도시 프로젝트를 시작하였다.

노인의 일상생활권으로서 행정동에 주목하자

서울 노인의 일상생활권 조사 결과, 노인이 하루 생활하는 공간적 범위는 평균 750미터로, 행정동 규모와 유사하였다. 즉 도보 15분 거리 내에서 대부분의 필수적, 사회적 활동을 하고 있음을 알 수 있다. 따라서 고령친화 지역사회를 구축한다고 하였을 때, 기본 단위는 행정동 단위가 되는 것이 바람직할 것이다. 이에 더해 노인들이 선호하는 시설과 길을 고려하여 고령친화 거점시설 등을 배치하는 것이 필요할 것으로 보인다. 여기서 선호시설로는 경로당과 재래시장, 복지관이나 보건지소 등이, 그리고 도로는 넓은 길보다는 시설이 밀집한 길, 차 없는 길, 오래된 길 등을 예로 들 수 있겠다. 물론 행정동(커뮤니티)의 특성에 따라 우선순위나 구현 방식이 다를 수밖에 없다. 따라서 동네별 수요 조사나 의견 수렴을 바탕으로 지역의 욕구와 필요에 맞는 계획을 수립하여야 한다.

행정동 차원에서 고령친화 지역사회 전략을 실행할 수 있는 플랫폼으로는 '서울시 찾아가는 동주민센터(이하 찾동)'를 고려할 수 있다. 찾동 정책은 "주민과 함께하는 복지공동체, 주민과 함께하는 동주민센터"를 비전으로 행정동 단위의 주민자치 실현과 사회보장 증진을 목표로 한다.[128] 대표적인 사업으로는 '찾아가는 복지·건강 서비스'가 있다. 동주민센터에 배치된 사회복지직 공무원과 간호사가 해마다 만 65세와 70세가 된 노인을 직접 찾아가 복지와 건강 수준을 파악하고, 필요한 정보와 서비스를 제공함으로써 공공의 예방적인 관리와 노인의 자기관리 역량 강화를 꾀하는 것이다. 찾동 정책은 2015년 13개 자치구 80개 동을 시작으로 2018년까지 25개 자치구 408개 동으로 확대되어 서울 대부분의 지역을 포괄하고 있다. 2018년 8월에는 중앙정부가 찾동을 발전시킨 '내 삶을 바꾸는 공공서비스 플랫폼' 정책을 전국적으로 추진하겠다고 발표했다.

이런 이유로 찾동은 고령친화 지역사회 전략을 행정동 차원에서 수립하고 실행하는 적합한 방편이라 판단되지만, 정책 설계를 업그레이드할 필요가 있다. 노인에게 제공하는 서비스를 기존의 복지, 보건 중심에서 보행 환경 개선, 일자리 제공, 문화여가 활성화 등으로 대폭 확대해야 한다. 실행 전략에서도 복지와 보건이라는 주제가 마을공동체라는 동력과 긴밀히 연결되는 시스템을 구상하고, 재래시장이나 동네 상점, 종교기관 등이 민간복지자원 제공자에 머무르지 않고 노인과 관련한 고유한 역할과 역량을 살려 참여할 수 있도록 적극적인 민관협력체계를 구축해야 한다.

반갑게도 최근 들어 서울시와 중앙정부는 이런 방향으로 정책을 발전시키려고 노력하고 있다. 서울시는 2018년부터 시작한 찾동2.0 정책에서 '돌봄SOS센터'를 설치하겠다고 밝혔다.[129] 동주민센터에 설치되는 돌봄 SOS센터는 가사, 간병, 병원 동행 등 일상적인 도움이 필요한 시민에게 맞춤형 서비스를 원스톱으로 제공한다. 이를 위해 사회복지직과 간호직 공무원으로 구성된 전담인력인 '돌봄 매니저'를 배치한다. 노인, 장애인 등 돌봄이 필요한 시민이 전화나 방문으로 서비스를 신청하면 돌봄 매니저가 직접 찾아가 72시간 안에 적절한 서비스를 연계한다. 이 서비스는 긴급, 일반, 일상으로 나뉘는데 이중 일상 서비스는 주민 자원봉사자가 형광등 교체, 병원 동행, 청소 지원 등을 제공하는 것을 말한다. 행정당국 주도로 복지, 보건 서비스를 제공하던 찾동 정책이 해외 고령친화 지역사회 사례인 빌리지 모델이나 서클 모델의 장점을 접목해 진일보했다고 볼 수 있는 대목이다.

2018년 11월 중앙정부가 발표한 지역사회 통합 돌봄, 이른바 '커뮤니티케어'는 더욱 적극적이고 종합적인 고령친화 지역사회 전략이라 할 만하다. 커뮤니티케어는 "주민들이 살던 곳에서 개개인의 욕구에 맞는 서비스를 누리고 지역사회와 함께 어울려 살아갈 수 있도록 주거, 보건의료, 요양, 돌봄, 독립생활 지원이 통합적으로 확보되는 지역주도형 사회서비스 정책"을 말한다.[130] 2025년까지 이런 커뮤니티케어를 제공하는 기반을 갖추는 것을 목표로 중앙정부는 4가지 중점 과제를 실행한다. 첫째는 주거 분야로, 노인이 살고 있는 집을 독립적이고 안전한 노후생활에 맞게 고치는 집수리 사업과 집에서 건강관리와 각종 돌봄 서비스를 편하게 누릴 수 있는 '케어안심주택'을 확충한다. 둘째는 건강의료 분야로, 방문 건강관리와 의료행위(왕진)를 본격적으로 제공하고 병원에 '지역연계실'을 설치해 퇴원환자의 지역 복귀를 지원한다. 셋째는 요양돌봄 분야로, 노인이 병원에 입원하기보다는 집에서 생활하고 요양할 수 있도록 장기요양보험과 의료급여를 개편한다. 넷째는 서비스 연계 분야로, 서울의 돌봄SOS센터처럼 읍면동에 '케어안내창구'를 신설하고 지역사회 민관협력 서비스 연계기구인 '지역케어회의'를 만들고 운영한다.

돌봄SOS센터와 커뮤니티케어는 이제 걸음마를 시작한 터여서 성과와 한계를 살피기엔 이르다. 하지만 우리나라에서도 고령친화 지역사회에 관한 제도적인 관심과 노력이 등장했다는 것만으로도 반가운 일임에 틀림없다. 하지만 이런 정책만으로 오랜 시간 고성장 산업화에 맞춰 형성되어 온 우리 도시와 동네가 금세 노인도 행복한 삶터로 바뀔 거라 기대하면 곤란하다. 노인을 포함한 다양한 사회 구성원들의 길고 끈질긴 노력이 필요하다는 말이다. 다만, 이 책이 제시한 것처럼 노인을 능동적인 주체로 새롭게 인식하고, 복지부터 주택, 일자리, 문화여가 등 다양한 분야의 민관 주체들이 협력해서, 노인과 그들이 사는 동네의 여건과 특성에 맞는 전략을 실행한다면 조금은 그 시간이 앞당겨질 것이라 기대한다.

주

1 고영직·안태호, 2017, 『노년 예술 수업』, 서해문집.

2 NHK 스페셜 제작팀, 2017, 『가족의 파산 – 장수가 부른 공멸』, 홍성민 옮김, 동녘.

3 2017년 6월 공표한 통계청 장래인구추계 자료에 따르면, 서울시는 2018년 기준 불과 8년 만인 2026년에 서울시 인구 5명 중 1명이 노인인 초고령사회에 진입하고, 2039년에는 총인구 대비 65세 이상 인구가 차지하는 비율이 30.2퍼센트인 사회에 돌입한다.

4 통계청 보도자료, 2019.03.22., 2018 한국의 사회지표.

5 Vasilis Kontis, James E Bennett, Colin D Mathers, Guangquan Li, Kyle Foreman, Majid Ezzati, 2017, Future life expectancy in 35 industrialised countries: projections with a Bayesian model ensemble, *The Lancet*, 389, 1327~1328쪽.

6 보건복지부 질병관리본부, 2017, 2016 건강행태 및 만성질환 통계 – 국민건강영양조사·청소년건강행태온라인조사 –; 중앙치매센터, 2016, 중앙치매센터 연차보고서.

7 "요리에서 운전까지 … 뉴질랜드 101세 할머니의 '노익장'", 연합뉴스, 2017.11.16.

8 "황혼의 '욜로 라이프', 쓰죽회를 아시나요?", 한국일보, 2017.06.03.

9 "[밀착카메라] 더 깊어진 고통 … 오늘도 '500원 순례길'", JTBC, 2016.12.22.

10 통계청에 따르면, 2017년 우리나라 전체 인구 중 0~14세 유소년인구가 13.1퍼센트(675만 명), 15~64세 생산가능인구는 73.1퍼센트(3762만 명), 65세 이상 고령인구가 13.8퍼센트(708만 명)를 차지하고 있다.

11 통계청, 2016, 장래인구추계.

12 아툴 가완디, 2015, 『어떻게 죽을 것인가』, 김희정 옮김, 부키.

13 정경희 외, 2014, 노인실태조사, 보건복지부·한국보건사회연구원.

14 최재천, 2005, 『당신의 인생을 이모작하라 – 생물학자가 진단하는 2020년 초고령사회』, 삼성경제연구소.

15 NHK 스페셜 제작팀, 2017, 『가족의 파산 – 장수가 부른 공멸』, 홍성민 옮김, 동녘.

16 김동선 외, 2016, 『노후 파산 시대 - 장수의 공포가 온다』, 한스미디어.

17 국민건강보험·건강보험심사평가원, 2017, 2016 건강보험통계연보.

18 송호신·허준영, 2017, 「인구구조 변화와 재정」, 《BOK 경제연구》, 제2017-29호, 27쪽.

19 김동선 외, 2016, 『노후 파산 시대 - 장수의 공포가 온다』, 한스미디어.

20 콜레트 메나주, 2013, 『노년예찬 – 나이 든 사람은 행복해야 할 책임이 있다』, 심영아 옮김, 정은문고.

21 정성국 외, 2014, 「한국의 존속살해와 자식살해 분석」, 《대한법의학》, 38(2), 71쪽.

22 안병훈 외, 2008, 「정신분열병 환자에서 존속살인의 임상적 특성」, 《신경정신의학》, 47(4), 334쪽.

23 요나스 요나손, 2013, 『창문 넘어 도망친 100세 노인』, 임호경 옮김, 열린책들; 카타리나 잉엘만순드베리, 2016, 『감옥에 가기로 한 메르타 할머니』, 정장진 옮김, 열린책들; 프레드릭 배크만, 2016, 『할머니가 미안하다고 전해 달랬어요』, 이은선 옮김, 다산책방; 프레드릭 배크만, 2015, 『오베라는 남자』, 최민우 옮김, 다산책방; 투오마스 퀴뢰, 2016, 『괴짜 노인 그럼프』, 이지영 옮김, 세종서적.

24 미우라 아츠시, 2016, 『40대가 미리 보는 하류노인 행복노인』, 오용균 옮김, 리안메모아.

25 한혜경, 2012, 『나는 매일 은퇴를 꿈꾼다』, 샘터.

26 안현찬, 2017, 「고령친화도시 개념의 형성과 변화」, 《걷고싶은도시》, 90, 18쪽.

27 요나스 요나손, 2013, 『창문 넘어 도망친 100세 노인』, 임호경 옮김, 열린책들.

28 존 로빈스, 2011, 『존 로빈스의 100세 혁명』, 박산호 옮김, 시공사.

29 Rowles, Graham, 1978, *Prisoners of space? Exploring the geographical experience of older people*, Boulder, CO: Westview Press; Rowles, Graham, 1983, Geographical dimensions of social support in rural Appalachian community. In: Graham Rowles & Russell Ohta(eds.), *Aging and milieu: Environmental perspectives on growing old*, New York: Academic Press f.

30 홍송이, 2017, 「Aging-in-Place를 위한 노인복지정책의 비판적 이해: 싱가포르 사례연구」, 《사회과학연구》, 43(1), 230~231쪽.

31 Thomas W. & Blanchard, J.M., 2009, "Moving Beyond Place: Aging in Community", *Generations*, 33(2), 12~17쪽.

32 안현찬, 2017, 「고령친화도시 개념의 형성과 변화」, 《걷고싶은도시》, 90, 18쪽.

33 이 절은 안현찬, 2017, 「고령친화도시 개념의 형성과 변화」, 《걷고싶은도시》, 통권 90호를 바탕으로 작성하였다.

34 세계보건기구, 2007, Global Age-Friendly Cities: A Guide.

35 UN, 2018, World Urbanization Prospects, the 2018 Revision.

36 정경희 외, 2008, 「국제적 관점에서 본 고령화 대응현황과 과제」, 《한국보건사회연구원》, 68쪽.

37 8대 영역의 한글 번역은 서울시 공식 홈페이지인 "고령친화서울(afc.welfare.seoul.kr)"을 따랐다.

38 서울시 복지건강실 노인복지과, 2011, 2011년도 정책자료집-고령친화도시 기반조성.

39 Global Network of Age-Friendly Cities and Communities(https://extranet.who.int/agefriendlyworld/).

40 정은하, 2017, 「고령친화도시 조성을 위한 서울시의 노력과 경험」, 《걷고싶은

도시》, 90, 26쪽.

41 이 책은 베이비붐 세대를 다루지 않기 때문에 '제2인생 설계' 영역 관련 내용은 제외했다.

42 「서울시 고령친화도시 구현을 위한 노인복지 기본조례 제25조(조사 및 연구)」

43 2016년부터는 주요 조사 내용이 체감도에서 노인실태로 변경되었는데, 그 이유는 다음과 같다. 첫째, 조사 주기가 짧아 고령친화 체감도 점수에 큰 변화가 없었다. 체감도 변화는 보다 장기적인 점검이 적합했던 것이다. 둘째, 구체적인 실행계획 수립을 위해서는 주관적인 체감도보다는 객관적인 노인실태 자료가 필요했다. 이로 인해 이 책에서는 2012년과 2014년 고령친화 체감도를 자료로 활용하는 시간적 한계가 있음을 밝힌다.

44 통계청, 2018, 행정안전부 주민등록인구 현황(2018년 9월).

45 상게자료.

46 정경희 외, 2017, 2017년 노인실태조사, 보건복지부·한국보건사회연구원.

47 서울통계, 2017.12., 서울시 독거노인 현황 통계.

48 정은하 외, 2016, 2016년 노인실태조사 – 서울시 노인복지이슈 중심 –, 서울시·서울시복지재단.

49 정경희 외, 2017, 2017년 노인실태조사, 보건복지부·한국보건사회연구원.

50 정영호, 2013, 「고령자의 복합만성질환 분석: 외래이용을 중심으로」, 《보건복지 ISSUE&FOCUS》, 196.

51 국민건강보험공단·건강보험심사평가원, 2014, 건강보험통계 연보.

52 김경혜·장동열, 2015, 서울복지실태조사 심층분석 보고서, 서울연구원.

53 정경희 외, 2017, 2017년 노인실태조사, 보건복지부·한국보건사회연구원.

54 상게자료.

55 Instrumental Activities of Daily Living.

56 정경희 외, 2017년도 노인실태조사, 한국보건사회연구원, 764쪽.

57 서울 노인 중 지난 1년간 병원에 입원한 적이 있는 사례는 13.8퍼센드로 전국

대비 3.2퍼센트 적다. 영양상태가 양호한 사례도 45퍼센트로 전국 대비 3.7퍼센트 적다. 상게자료, 757, 759쪽.

58 운동 실천 정도는 권장 수준의 운동 실천을 의미하며, 권장 수준이란 1주일에 150분 이상 운동한 경우를 의미한다. 상게자료. 758, 760쪽.

59 상게자료, 760쪽,

60 정은하 외, 2015, 서울시 2기 고령친화도시실행계획 수립, 서울시·서울시복지재단, 56~57쪽.

61 건강한 노후 영역은 민간자원 연계 서비스를 제외한 모든 세부 과제가 "사업 추진 과정에서 발생한 현실적 어려움에 따른 효율적인 운영 방안을 반영해" 추진 체계와 목표치가 중간에 수정되었고, "수정된 목표 범위에서는 차질 없이 진행되었다." 상게서, 68쪽.

62 상게서, 68쪽.

63 상게서, 77쪽.

64 상게서, 86쪽.

65 김선자·김경혜, 2008, 서울시 고령친화도 평가연구, 서울연구원.

66 서울시 공공보건의료재단, 2018, 2017 서울시 건강격차 모니터링 통계집 II 통계표.

67 지역사회건강조사의 최근 5년 평균 수치를 활용하였다. 질병관리본부, 2018, 지역사회건강조사.

68 지역사회건강조사의 최근 5년 평균 수치를 활용하였고, 우울감 경험률은 최근 1년 동안 연속적으로 2주 이상 일상생활에 지장이 있을 정도의 슬픔이나 절망감을 경험한 노인의 비율로 측정되었다. 상게자료.

69 지역사회건강조사의 최근 5년 평균 수치를 활용하였다. 상게자료.

70 노인종합복지관과 소규모 노인복지센터를 합쳐 노인복지관으로 명명했다.

71 서울시 내부자료, 2015; 서울통계, 2015.

72 서울시 내부자료, 2015; 서울통계, 2015.

73 이웃에 대한 의지도는 65~69세가 3.6점, 70~79세가 3.7점, 80세 이상이 3.8점으로 연령이 높을수록 점수가 높았다. 정은하 외, 2016, 2016년 노인실태조사 – 서울시 노인복지이슈 중심 –, 서울시·서울시복지재단.

74 권오정 외, 2014,「노년층의 지역 내 계속 거주 이유에 관한 연구」,《대한가정학》, 52(3), 286쪽.

75 정은하, 2017,「고령친화도시 조성을 위한 서울시의 노력과 경험」,《걷고싶은도시》, 90, 29~30쪽.

76 경로당에서 응답한 노인은 면담조사와 설문조사 각각 27명(45퍼센트), 116명(40.6퍼센트)이다.

77 자양4동 153명, 천호3동 133명.

78 Moudon, A., Lee, C., Cheadle, A., Garvin, C., Johnson, D., Schmid, T., Weathers, R. & Lin, L. 2006. Operational definitions of walkable neighborhood: theoretical and empirical insights. *Journal of Physical Activity & Health*, 3, 99~117쪽.

79 이선재, 2017,「노인보행 실증분석을 통한 지하철역 중심의 시설 이용실태 : "WalkOn" APP의 서울시 빅데이터를 기반으로」,《서울대학교 석사학위논문》.

80 현장조사를 설계하면서 폐지 줍는 도시 노인을 대상으로 참여관찰 및 생애구술사 연구를 수행한 적이 있는 소준철, 이민재 연구자에게 도시노인의 생활 양상에 대해 자문을 받았다.

81 서울연구원 인포그래픽스 제7호: 서울시, 2012, 2020 체육진흥 기본정책.

82 OECD에서는 66~75세를 '젊은 고령자'(Younger Old)'로, 그 이상을 '늙은 고령자(Older Old)'로 구분하고 있다.

83 복지시설은 경로당과 복지관을 의미하는데, 복지관 이용자는 그림 상에 '복지관(복)'으로 별도 표시하였다. 자양4동 조사 대상자 중 한 명의 노인은 하루 절반을 동네 밖으로 일하러 간다고 응답해 근린시설 이용조사와는 적합하지 않아 제외하였다. 문진영, 2017,「일상은 동네를 닮아 간다」,《걷고싶은도시》, 93, 61쪽.

84 박순미 외, 2017, 「국내 노인 주거복지서비스 현황 및 특성 분석」, 《노인복지연구》, 72(3), 395~428쪽; 이상림 외, 2016, 초고령사회 대응 지역친화적 노인 주거모델 개발연구, 한국보건사회연구원.

85 고령자나 장애인들도 살기 좋은 사회를 만들기 위해 물리적·제도적 장벽을 허물자는 운동으로 건축학 분야에서 사용되기 시작했다.

86 아이부키 홈페이지(www.ibookee.kr).

87 상게자료.

88 집 내부는 수면시간 포함, 집 주변은 집 앞 골목길, 동네 정자, 가까운 이웃집, 주변 산책 등을 포함한다. 집 외부는 목적지에 가기 위해 이동하는 시간을 포함하였다.

89 보건복지부, 2017, 보건복지 통계연보, 360쪽.

90 손창우, 2017, 2017~2026 서울시 치매관리 사업 발전방안과 추진전략 수립, 서울시·서울연구원.

91 지남력(指南力/Orientation)은 현재 자신이 놓여 있는 상황을 올바르게 인식하는 능력을 말한다. 일반적으로 사람, 장소, 시간의 지남력을 구별하며 의식, 사고력, 판단력, 기억력, 주의력 등이 유지되어야 올바른 지남력을 가질 수 있다. 지남력을 상실하면 '자신은 누구인가', '이곳은 어디인가', '오늘은 몇 월 며칠인가' 등의 질문에 대답하지 못한다.

92 총 응답자는 198명이지만 사전/사후조사에 모두 참여한 응답자가 53명이다. 이 중 65세 이상은 39명이다.

93 증감정도(%)=사후조사-사전조사/4(최고점수-최저점수)×100.

94 "[GLOBAL_일본] 칫솔만 300종… 다이신백화점의 성공 비밀", 한국경제매거진, 2014.11.05.

95 로손 홈페이지(https://www.lawson.co.jp/index.html).

96 "일본 편의점 시장 100조 원 시대… '노인들의 식당·약국이자 경로당'", 중앙일보, 2015.07.23.

97 “세계가 ‘노년시대’ … 아이디어 충만한 고령친화산업에 주목”, 백세시대, 2011.12.09.

98 비컨힐 빌리지 홈페이지(https://www.beaconhillvillage.org/).

99 연회비는 가구로 가입하면 975달러, 개인이 가입하면 675달러이다. 60세 이상 저소득층은 가구 160달러, 개인 110달러의 회비를 받는다.

100 버컨힐 빌리지 홈페이지(https://www.beaconhillvillage.org/); 김영란 외, 2013, 지역연대에 기초한 노인1인가구 돌봄지원 방안, 한국여성정책연구원, 84쪽.

101 “노후를 정든 내 집에서 … 美보스턴 비컨힐 빌리지 사람들”, 동아닷컴, 2007.05.12.

102 Barbara A. Ormond, Kirsten J. Black, Jane Tilly and Seema Thomas, 2004, Supportive Services Programs in Naturally Occurring Retirement Communities, Washington, DC: US Department of Health and Human Services, ASPE; 이상림 외, 2016.

103 이상림 외, 2016, 초고령사회 대응 지역친화적 노인 주거모델 개발 연구, 한국보건사회연구원, 157쪽.

104 북미유대인연맹 홈페이지(https://www.jfedstl.org/community-engagement/norc/).

105 B Bedney, D Schimmel, R Goldberg, L Kotler-Berkowitz, D Bursztyn, 2007, Rethinking aging in place: Exploring the impact of NORC supportive service programs on older adult participants, Annual Meeting of the American Society on Aging and National Council on Aging, Chicago, IL.

106 NORC 홈페이지(http://proximityone.com/norc.htm/).

107 Bedney et al., 2010; Ormond et al., 2004; 이상림 외, 2016.

108 이경원, 2014.09.26, 미국에선 실버타운 대신 NORC가 뜬다, 미래에셋연구소 홈페이지(http://retirement.miraeasset.com/contents/keyView.do?idx=7485)

에서 재인용.

109 파티서플은 영국 사회가 현재 대면하고 있는 사회문제에 대한 혁신적인 솔루션과 공공서비스 모델을 디자인하고 개발하는 사회적기업이다.

110 HMR 서클 홈페이지(http://hmrcircle.org.uk/).

111 "사회적기업 4곳의 함께 밥상 … 5000원짜리 한식 뷔페", 한겨레, 2017.06.29; 박용수, 2016, 광진협동사회경제네트워크 돌봄+ 사업 소개, 서울연구원 내부자료.

112 사회적경제특구는 서울시가 지역사회를 기반으로 지속가능한 사회적경제 생태계를 구축해서 사회문제를 해결하고 확산 가능한 성공 사례를 만들기 위해 특정 지역을 지정하여 집중 육성하는 사업이다.

113 민현석, 2012, 고령친화형 마을만들기 – 서울시 종로구 이화동을 중심으로, 서울시정개발연구원.

114 고영직·안태호, 2017, 『노년 예술 수업』, 서해문집, 84~87쪽.

115 "마을 인거리가 있어야 즐겁게 오래 함께", 우미숙, 한살림 월간지 살림이야기, 2016.06; "민들레워커", 금천마을신문 금천in, 2015.09.11.

116 강위원, 2017, 「촛불시민이 여는 주민자치의 현장」, 『연방제에 버금가는 지방분권시대-지역문화가 열쇠다!』, 토론회 자료집, 23~36쪽.

117 광산구 더불어락 노인복지관 홈페이지(http://www.gsnoin.or.kr/).

118 "노인을 도시로 끌어야 고령친화_글로벌 도시전쟁 ⑦환경·고령친화도시", MK뉴스, 2015.05.23.

119 "오래된 임대아파트 단지가 초고령화 시대 맞춤형 마을로", 안신숙, 2016.07.15., 희망제작소 홈페이지(https://www.makehope.org/).

120 "집에서 5분 내 병원 … 日고령자는 30%, 한국은 6%뿐", 조선닷컴, 2017.05.11.

121 NYC DFTA, 2017, AGE-FRIENDLY NYC New Commitments for a City for All Ages.

122 NYAM, 2013, AGE-FRIENDLY NYC Commission Initiatives 2010~2013,

5쪽.

123 박지현·장웅조, 2017, 크리에이티브 에이징(Creative Aging)을 위한 미술관 시니어 자원봉사 프로그램 연구, 예술경영연구, 43, 97~120쪽.

124 Give & TakeCare 홈페이지(https://www.giveandtakecare.co.uk/howwillitwork), HMR 서클 홈페이지(http://hmrcircle.org.uk/giveandtakecare); "Volunteer carers give up time now and reap their reward in old age", THE TIMES, 2017.05.20."; 런던 브루넬 대학 홈페이지(http://www.brunel.ac.uk/environment/themes/Aging-studies/research-projects/give-and-take-care).

125 서울연구원, 『시니어가 생각하는 "나의 노년과 일"-아이돌봄기동대를 중심으로-』(근간 예정).

126 광진구 보건소 홈페이지; 2017년 자양보건지소 운영계획; 자양보건지소 내부자료; "자양보건지소, 어르신 마음건강을 위한 건강 프로그램 '마음건강 기공체조 교실' 운영", UPKorea, 2017.11.23.

127 홍송이, 2017, 「Aging in-Place를 위한 노인복지정책의 비판적 이해: 싱가포르 사례연구」, 《사회과학연구》, 43(1), 231~232쪽.

128 서울시, 2018, 찾아가는 동주민센터 3단계 사업 성과관리 학술용역, 3~6쪽.

129 서울시, 2018, "민선 7기 찾아가는 동주민센터 기본계획", 22쪽.

130 관계부처 합동, 2018, "지역사회 통합 돌봄 기본계획(안)", 1쪽.

노인을 위한 동네

고령친화 지역사회 만들기

지은이 김승연 문진영 백가현 백선혜 손창우 안현찬 이혜림 조윤정

초판 1쇄 발행 2019년 9월 30일
초판 3쇄 발행 2023년 1월 10일

펴낸이 박형수
펴낸곳 서울연구원

편 집 전말숙, 송도숙
디자인 [★]규

주 소 서울시 서초구 남부순환로 340길 57
전 화 02-2149-1234
팩 스 02-2149-1019
홈페이지 www.si.re.kr

ISBN 979-11-5700-418-8 93330